S. FISCHER

ARNOLD STADLER

Am siebten Tag flog ich zurück

Meine Reise zum Kilimandscharo

Roman

S. FISCHER

Originalausgabe
Erschienen bei S. FISCHER
© 2021 S. Fischer Verlag GmbH,
Hedderichstr. 114, D-60596 Frankfurt am Main

Satz: Dörlemann Satz, Lemförde
Druck und Bindung: CPI books GmbH, Leck
Printed in Germany
ISBN 978-3-10-397250-4

INHALT

Präludium VOR DER ABREISE

All meine Wege verschwanden einst unter dem Makadam an den hellen heißen Tagen meiner Kindheit. Makadam war ein schönes Wort, das schwarz glänzte, welches Männer mit ihren Schaufeln auf dem Boden meines ersten Lebens verteilten. Es waren Männer mit freiem Oberkörper mitten in den Feldern meiner Erinnerung. Und damit verschwand auch der Staub von hundert Jahren oder mehr für immer unter dem Makadam. McAdam war ein Schotte, der von seiner Erfindung oder Entdeckung am Ende doch nichts hatte. Geboren wie Mozart im Jahr des Heils 1756, war John Loudon McAdam ein Erfinder. Ich sage lieber: Entdecker, der im Jahr des Wiener Kongresses auf seinen revolutionären Makadam stieß. Mit vierzehn ging er nach New York. Stand auf der britischen Seite im Unabhängigkeitskrieg. Reich geworden durch Kriegsbeute, musste er New York verlassen und kehrte 1783 nach Schottland zurück. Es reichte aber noch für ein schönes Anwesen, auf dem er in zweiter Ehe mit der Schwester von James Fenimore Cooper lebte. Seine erste Straße führte zu jenem Landsitz, auf dem er starb. Er starb und musste alles andere zurücklassen wie du und ich.

Mitten in den Feldern meiner Erinnerung stehen halb nackte Männer und schwarze Kühe in den angrenzenden Weiden.

Es war die Straße nach Walbertsweiler, eigentlich nur ein Feldweg, wobei das Wort »nur« eine selige Welt bescheint. Denn »nur« war ein Wort »mehr als alles«. Es war zwischen unserem Heimatfriedhof und den Kühen in Halbtrauer. Und wenn wir die Totenglocke hörten, fragten wir uns »Wer ist es?« und beteten ein Requiem aeternam.

Wir kamen auf den Friedhof, unsere Kühe wurden immer wieder abgeholt und verschwanden in den Städten und Bäuchen von Menschen, die auch lange tot sind. Und einige von ihnen hatten den seltsamen Wunsch, verbrannt zu werden und dass ihre Asche über dem Meer verstreut würde. Andere wollten nun unter einem Lieblingsbaum im Friedwald ruhen und verwechselten ihre Asche mit sich selbst.

Ach, der Mensch, und dieser Weg, mein erster Weg, führte schon mitten in den Wald. Ab da war ich eigentlich immer auf Holzwegen unterwegs.

Dieser Weg, der bis zur Landesgrenze führte, an dem noch in meiner Kindheit die Grenzsteine zu sehen und zu lesen waren. Ein Kind konnte damit sein Leben als Leser der Welt beginnen.

Auf dem einen Stein stand »Großherzogtum Baden« mit den entsprechenden Hoheitszeichen, auf dem anderen »Königreich Preußen« in Schwarz und Weiß. Das war mitten im Wald, einen Kilometer von meiner ersten Welt entfernt.

Glaubte ich, weil es schön war oder weil es wahr war?

Der rabenschwarze Teer, die schneeweißen Körper und dieser Weg, auf dem kein Gras mehr wachsen sollte?

Die Männer in den Feldern waren dafür zuständig, den heißen Makadam auf meinem Weg zu verteilen, und dann fuhr jene Walze über alles, unter dem meine erste Welt verschwand. Oder war es anders?

Du glaubst, dass du glaubtest. Doch glaubtest du, weil es schön war oder weil es wahr war wie der Makadam auf meiner Straße, die aus meiner Welt hinausführte in die andere Welt hinter dem Wald? Makadam: Es war eines unserer schon wieder verschwundenen Fremdwörter, denn es kam ja von Herrn McAdam. Und das Tu-Wort »glauben« schmolz wie das Hauptwort »Makadam« zu einem unauflöslichen Nichts.

Da stand ich einst und sah den Arbeitern zu, wie sie zur Zeit der Hundstage unsere Wege, die meist Feldwege waren, verteerten und versiegelten.

Und nun, unterwegs zu diesem Berg, der nun schon eine Zeitlang Kilimandscharo hieß, da dachte ich, dass diesen Kindern in den Dörfern am Fuße des Kilimandscharo oder auch erst ihren Kindern der Makadam wohl noch bevorstand, und auch: dass ihre Welt verschwand. Wie ich verstand …

Ich hatte es hinter mir. Das war vielleicht der einzige wirkliche Unterschied. Dass ihre Welt verschwand. Unter der Walze und dem Makadam. Oder auf Taubenfüßen.

So etwas war eines der Hauptereignisse meiner Kindheit. Das war fast schon alles.

Mein Leben hat keinen Plot. Mein Leben ist kein Thriller. Es ist kein Roman von einem, der fast zwanzig erste Jahre lang nicht wegkam und doch vom Meer und vom Kilimandscharo wusste.

So weit konnte ich vorausdenken und zurückdenken, und wie ein Dichter, den ich etwas näher kennengelernt hatte, sagte: Die Zukunft war damals meine Sehnsucht, so wie die Erinnerung nun mein Heimweh ist.

Ich hatte nun fast mein ganzes Leben in Städten gelebt, und je größer sie waren, schienen sie des Glaubens, sie wären das Zentrum, und der Rest der Welt wäre die Provinz, über die sie nach Gutdünken verfügten wie der Sultan von Brunei über das Gesetz und die Menschen. Und Heimat war der Ort, wo wir herkamen und wo es hinging. Also da, wo wir nicht waren. Dachte ich. Jedes einzelne Leben ist die Welt. Dachte ich.

Doch nun war ich auf dem Weg zum Kilimandscharo.

Auch meine leichtfertige Reise in sechs Tagen würden wohl unzählige Lebewesen mit dem Leben bezahlen, ganz zu schweigen von den Qualen unserer Wirbelsäulenverwandtschaft in den Versuchslabors dieser Welt, und der Reim von »Qualen« auf »bezahlen« war von mir keineswegs beabsichtigt, die Qualen all der Lebewesen, die im Dienst meiner sicheren Weltreisen standen und dafür sorgten, dass ich mit der neuesten Medizin in meiner Antibiotika- und Soforthilfebox, selbst gegen den neuesten Fußpilz, reiste, gegen den jedes Kreuzfahrtschiff bewaffnet war. Und ich dann auch. Dachte ich, als hätte ich sämtliche Krankheiten besiegt. Ich hatte einen Neffen, der rechnete für eine große Firma die voraussichtlichen Schmerzensgeldsummen, die an die Absturzopfer zu zahlen wären, aus. Warum immer alle so teure Uhren haben wollten und in der First Class auch tatsächlich hatten, war vielleicht auch ihm ein Rätsel. Vielleicht war es der Irrglaube, sie hätten so die Zeit im Griff. Und das Leben und alles. Oder war es, weil eine Rolex etwas war, das sie überlebte? Die so genau war, dass ihr Besitzer sein genaues Todesdatum hätte ablesen können, auf eine Tausendstelsekunde genau auf dem Weg nach unten.

Das meiste in meinem Leben war mittlerweile Schmerzprophylaxe geworden, so musste ich es sagen.

Ich gehörte anscheinend auch zu jenen, die weiterlebten und ihre Feste feierten und dann und wann am Meer ankamen, war einer von denen, die sich immer noch Reisen ausdachten und davon träumten, die an einem schönen Tag aufs Meer hinausschauten und aufatmeten, als wäre die Welt etwas Schönes. Und glaubten, es zu glauben. Glaubte ich etwas, weil es schön war? Oder weil es wahr war?

Dabei wusste ich auch nicht, wie viele Schwalben es von ihrem Nest unter unserem Dach bis zum Kilimandscharo geschafft hatten oder nicht. Oder auf meinem Flug den Nil entlang in den Triebwerken meiner Maschine landeten, die mich bis zum Kilimandscharo brächten oder nicht. Das war ja auch nicht klar, und die Flugangst, die noch nicht von der Flugscham abgelöst worden war, war eine Tatsache, mit der die Börse rechnete, und erst recht jene unerschütterlich frechen Vertreter von der Time-is-money-Fraktion, jene Anhänger dieses Henry-Ford-artigen Lebensmodells auf dem

Weg nach oben (in seiner alten Vieldeutigkeit) oder auch Loser in meinem Alter, die es nicht bis zum Börsenplatz geschafft hatten und einen wie mich noch auf dem Weg zum Gate abfangen wollten, um eine Lebensversicherung für diesen Flug abzuschließen, um mir einzureden, der Absturz sei eigentlich ein Gewinn, zumindest eine Win-win-Situation, um mir das Ganze schließlich auch noch als gute Tat im Blick auf meine Enkel zu verkaufen. Woher wussten sie denn, dass ich Kinder hatte? Wie ich diese Win-win-Sprache hasste, das Preis-Leistungs-Verhältnis-Leben des sich so nennenden Verbrauchers! Wie mein patagonischer Onkel den Wind gehasst hatte, diese Gewalt von Nichts über etwas.

Das dächte ich beim wackeligen Landeanflug in Frankfurt. Und dann erst recht beim Stop-over in der Transitzone, am Gate von Ethiopian Airlines. Und dann an Bord auf dem Weg über das Mare Nostrum, und ich hoffte, dass an diesem kalten Tag der Heiligen Drei Könige kein einziger Mensch unter mir ertrank. Und dann über den Nil hinauf immer weiter in die Geschichte. Über die Gräber und Ruinen hinweg via Aksum. Und dann würde ich bei den Nachfahren von König Salomon und der Königin von Saba landen. Für einen halben Tag lang in der Transitzone des Flughafens von Addis Abeba International. Und was ich da erleben würde.

Und dann bei den ersten Menschen, das heißt: dort, von wo sich angeblich die ersten Menschen in die Welt aufgemacht hatten. Doch waren sie nicht schon da? (Was war *da* doch ein vieldeutig unbrauchbares Wort.) Das war vom Fuß des Kilimandscharo aus. Heute hieß es Tansania, wo die Experten die ersten Menschen orteten, also wie in der Bibel Adam und Eva, die im Garten Eden lebten, im Paradies, das aber bisher irgendwo im Zweistromland, im nördlichen Mesopotamien gedacht war. Die Bibel nannte ja Namen: von der Genesis zu Adam und Eva im Paradies. Dann ging es außerhalb weiter. Es kamen Kinder dazu, Abel und ein missglücktes namens Kain, von dem wir alle abstammten, wie ich gelernt hatte.

Dorthin, wo der Mensch von heute das Paradies von einst ortete, war ich nun unterwegs. Ich, einer, der immer noch »ich« sagte.

Ich dachte schon voraus.

Der Flug war so billig, dass die halbe Maschine leer war und ich vier Plätze ganz für mich gehabt hätte. Und ich hätte alles verschlafen können, selbst einen Absturz. So viel war ich ihnen wert, dass sie kalkulierten und eher einen Absturz riskierten als einen sicheren Flug. Nun gut. Ich kannte mittlerweile meinen Platz im Leben, und der war ziemlich ebenerdig, verglichen mit den glanzvolleren Beispielen, doch auch da unten angekommen, konnte man als Egoist gelten.

Meine Final Destination war Kilimandscharo International. Aber da nahmen sich die Luftfahrtgesellschaften vielleicht doch etwas zu wichtig: Bei »Final Destination« dachte ich immer an etwas ganz anderes.

Zurück zu den Mortgagehändlern: Nahmen sie von so einem wie mir an, dass ich Enkel hatte und dass die halbe Welt nun schon »Opa« sagte zu mir?

Doch dann waren es nicht die Schwalben, die ihren Flug überlebt hatten, sondern ich, noch so ein immer wieder Überlebender.

Und den Lebensversicherern in den Hallen der internationalen Departure-Zonen war es auch recht, dass ich überlebte. Denn sie wollten ja wieder beim nächsten Flug ihr Geschäft machen mit solchen wie mir. Die von meiner Angst lebten waren in der Mehrheit, das war meine Erkenntnis. Doch ich wollte diese Angst nicht Oberhand gewinnen lassen über mich.

Es war eine Tatsache, dass es nicht alle Menschen und Schwalben schafften, die jeden Tag von Bett zu Bett und von Stalltürchen zu Stalltürchen und von Nest zu Nest unterwegs waren, von ihrem Stalltürchen im Schwarzwald zu ihrem Stalltürchen bei der Momellafarm in Tansania, die ich unbedingt sehen wollte, den Schauplatz eines Hollywoodfilms und des Lebens eines alten Nazis, der noch mit 85 im Stehen von einem Einbaum aus eigenhändig Krokodile erlegt hatte.

Dass es nicht alle geschafft hatten bis zu diesem Tag, wohl aber ich. Das war noch ein kleiner Fortschritt meiner darwinistischen Erkenntnis. (Die bestritt ich keineswegs: Sie war nur nicht so schön wie wahr.)

Dass ich mich tatsächlich auf dem Siegertreppchen der Überlebenden befand.

Ja, aus mir war mittlerweile schon fast ein alter Mann geworden, der immer noch »ich« sagte. Und immer noch ja sagen konnte und nein. Ich. Was für ein Joint Venture aus Samenzelle und Ei.

Seither hatte ich manches Mal geglaubt, auf der Verliererseite zu sein und dass Irma Köllner so langsam recht bekäme mit ihrer Kartenspiel-Erkenntnis aus der Freiburger Vorstadtkneipe. Die, wenn für sie abzusehen war, dass sie am Verlieren war, »Ez goat's d'Schießgass' abi!« in ihren Lebensraum hineinrief. Die Alemanninnen und Alemannen hatten ja die Lautverschiebung von »ie« zu »ei« nicht mitgemacht. Und sie unterschieden noch zwischen »schiese« und »schi-ese«. Also zwischen »scheißen« und »schießen«. Das war auch nicht vornehmer.

Ein alter Satz aus meinem Leben, meinem nachträglichen Leben, war, dass sich der Mensch darin am meisten glich, dass er sich nicht glich. Und dass jedes einzelne Leben die Welt war.

Die einen sprachen von Naturparadies und konnten sich nicht sattsehen, wie ganze Schwärme von Ölsardinen ins Killerwalmaul hineinschwammen. Das waren die Naturgläubigen.

Die anderen? – Und wenn ich jetzt wieder an meine Schwalben dachte, die mir vorausgeflogen waren nach Afrika?

Wäre ich einer von denen gewesen, die ein Requiem auf die Schwalben geschrieben hätten, die ihren Heimweg nicht schafften?

Ich konnte doch nicht einfach »Schwamm drüber« sagen wie Onkel Henry.

So kam eines zum anderen, und am Ende stand ich am Check-in.

Es war am Tag der Heiligen Drei Könige, die sich einst wohl von Persien aus nach Betlehem aufgemacht hatten, um in einem Stall einem Kind als Retter des Universums zu huldigen. Um dann als Knochen in einem goldenen Schrein zu landen, über dem dann der Kölner Dom errichtet wurde, was für ein Mega-Wallfahrts-Geschäftsmodell auf der Höhe des 13. Jahrhunderts.

Einst sollte ein Kind die Welt retten, und über dieses Betlehem war ein solcher Glanz gekommen nach dem Stall und der Stallgeschichte, der schon nach ein paar Tagen auf die Heiligen Drei Könige abfärbte, so dass ihre heiliggesprochenen Knochen zuerst von den Kölnern in Mailand gestohlen wurden. Es war eines der erfolgreichsten Geschäftsmodelle der Geschichte, das Köln erst recht zu Köln machte.

Das Wort »Gottesdienst« konnte ich auch nicht leiden. Das protestantische Wort »Gottesdienst« mochte ich nicht. Es kam zuerst aus dem römischen und dann aus dem preußischen Militärdienst für mich. Und einer wie Kaiser Wilhelm war ja auch noch als Bischof von Preußen der erste der Gottesdiener, nach dem mein Kilimandscharo benannt war, was ich aber auch noch nicht wusste in den Jahren, als der Kilimandscharo über meinem täglichen Esstisch hing: als Gemälde von Fritz Lang. Außer diesem Bild und Namen wusste ich praktisch nichts von ihm. Wie es dahin gekommen war, wusste ich auch nicht so recht. Mir wurde gesagt, dass es ein Hochzeitsgeschenk gewesen sei … Fritz Lang: »Der Kibo«, ein Ölbild im Format ein Meter dreißig mal neunzig. – Seitdem ich das Bild zum ersten Mal wahrgenommen hatte, gab es wohl kein schöneres Reiseziel für mich, als jene Stelle zu sehen, die als Bild in unserem Esszimmer hing. Und der Kibo war der Gipfel des Kilimandscharo.

Zurück zu diesem ersten großen Kind nach Moses! Der war einst in einem Schiffchen aus Schilf ausgesetzt worden, Jesus lag dann in einer Stallkrippe im Stroh. Am Ende seines Lebens hatte Moses vom Nebo aus das Gelobte Land gesehen. – Kain und Abel, die zwei Söhne von Adam und Eva, dürften eher schon ein erstes Beispiel einer missglückten Kindheit und einer falschen Erziehung gewesen sein.

Zurück zu allen Kindern und Kindsköpfen dieser Welt, zu denen wohl auch ich zählte, in meinem auf eine eher naturtrübe Kindheit folgenden Leben von Adam und Eva und ihrem überlebenden Sohn Kain her.

Und meine Kinderfrage, als ich die erste schwarze Kuh erblickte, war: »Mama, gibt die schwarze Kuh schwarze Milch?« Schwarz wie Makadam.

Zwischen unserem Heimatfriedhof, den Kühen in Halbtrauer und mir: Makadam. Gehörte zum Ersten, was meine Kinderaugen sahen. Und dazu kam seither zu meiner Erfahrung gewordenen Entdeckung, dass mein Ich-Erzähler und auch ich, dass also wir zwei dazu auch noch mit der Besonderheit ausstaffiert waren, die Himmelsrichtung sämtlicher Betten, in denen wir jemals gelegen hatten, aufsagen zu können, das musste gleich in die Einleitung, wenn ich jemals ein Buch über alles schreiben sollte, mein Buch! Und mit diesem Gedanken spielte ich ja auch auf dem Weg zum Kilimandscharo. Ich hatte allerdings nur den Auftrag eines Wochenmagazins, das die Zeit im Namen mit sich führte, für eine Reisebeilage zur Internationalen Tourismusmesse in Berlin.

Vielleicht wird ja auch da ein Buch daraus, dachte ich wie im Flug. Oder ein Schuh.

Mit dieser Begabung, mich an meine Himmelsrichtungen erinnern zu können, konnte ich freilich nichts werden, nicht einmal ein berühmter Mörder. Der erste von ihnen war Kain, von dem wir alle abstammten. Oder etwa nicht?, fragte ich mich bei dieser Welt am Tag meiner Abreise. Und längst lag auch ein elektrischer Wespenschläger, den schon unsere Kleinen zu bedienen wussten, allzeit einsatzbereit herum, du tapferes Schneiderlein! Und besonders in Bettnähe, und dazu hatte ich zu Hause das verrostete Samuraischwert aus dem Nachlass von Onkel Henry mehr oder weniger griffbereit unter dem Bett, bis man mir sagte, das ziehe Blitze an, und ebenso den Dolch, den mein Vater aus dem Zweiten Weltkrieg mitgebracht hatte, den wir als Kinder unter seinem Kopfkissen entdeckt hatten, denn die ersten unserer Entdeckungsreisen führten zurück ins Bett unserer Eltern.

»Ich blute, also bin ich«, dachte ich nun wieder einmal, als ich mein Blut aus dem mit meiner bloßen Hand gerade erschlagenen Moskito herausfließen sah. Was für ein Bluttransfer: Erst war ich angezapft worden, dann wurde das Moskito von mir eigenhändig erschlagen, und dann jener Blutfleck rechts neben meinem Bett unter dem Moskitoschirm, in dem sich mein und sein Blut vermählte.

»Ich weiß auch nicht, warum das Spülmittel nach Kirschen riechen muss«, sagte mein Lebensmensch, als wollte ich mit diesem Satz dem Spülmittel huldigen, das alles wegwusch.

»Die Kinder wollen dann zudem von richtigen Kirschen nichts mehr wissen, weil sie nicht so schmecken wie der Kunstbrei von Nestlé.« Sagte mein Lebensmensch.

Das war am Tag vor meiner Abreise. Es war Pril, die Blumen-Edition. Wir hatten noch einen Spültisch.

Er half mir wie immer beim Packen. Denn ich war möglicherweise doch ein Chaot, der sich als Don Quichotte herausstellte.

Und das war geblieben, und das war auch etwas.

So wollte mein Lebensmensch seine Menschen, zu denen ich gehörte, vor Dingen bewahren, vor denen ich sie nicht bewahren konnte. Es war ein Kampf gegen die Windmühlen meines Lebens. »Je näher ich dir komme, umso deutlicher weiß ich, dass du kein Egoist bist. Sondern etwas anderes. Aber ich habe noch nicht herausgefunden, was.«

Was für ein schöner Tag, im Bewusstsein, bald den Kilimandscharo auf der anderen Seite meiner Augen vor mir zu haben … zum ersten Mal. Bisher war es ja nur das Bild gewesen, das über unserem großen Esstisch hing.

Eine ungeheure Sehnsucht war mir geblieben. Denn wer schon mit vier am Meer war, wird nie wissen, was die Sehnsucht danach sein kann. Ungeheure Heimat und ihr Gegenteil. »Espejo de mi corazon«, und ich hätte das mit »mein Seelenspiegel« übersetzt, das war noch deutscher als »Spiegel meines Herzens« gewesen, bei dem eine kitschig-karibische Restwärme mitschwang. Und am genauesten wäre es am Ende gewesen, ich hätte das Meer, diesen Spiegel »Espejo de mi corazon«, in meine Sprache als »Bauch, in dem alles verschwindet«, also mit einem Dichtervers, übersetzt.

Unser Haus war eins, dessen Räume noch in Stuben und Kammern unterteilt waren. Unten die Stuben, oben die Kammern. Und eine Küche gab es auch noch, und irgendwo ein Clo, wie man im Adel sagte.

In unserer großen, der vorderen Stube, über dem Esstisch, an dem ich jahrelang zwischen Vater und Großvater, dem Ersten und dem Zweiten Weltkrieg gesessen hatte, aber hing der Kilimandscharo. Ein Maler hatte auf seine Weise dafür gesorgt, dass auch meine Welt schöner wurde. Oder auch nur schöner schien, als sie war. Aber das war auch etwas.

Und dann gab es auch noch den Kilimandscharo, wie gesungen von Pascal Danel.

Von dieser Stube aus kam ich bald, und damals immer zu Fuß, in den Rosengarten, welcher kein Südtiroler Bergmassiv war, sondern eine unserer zwei Dorfwirtschaften, die »Löwen« und »Rosengarten« hießen. Ich frage mich heute, was das für ein Reichtum gewesen sein musste, und was für ein Sehnsuchtsort: zwei Wirtschaften in einem kleinen Dorf namens Rast.

Und mitten in diesem Rosengarten stand eine Jukebox, die mich mit Fernweh versorgte, mit Durst und Fernweh. In diesem Eden stand unsere Jukebox, die uns mit Träumen belieferte, die gab es, im Deutsche-Mark-Takt.

Kilimandscharo: Das war 1967, zwei Jahre vor der Mondlandung, und ich hörte es. Das Lied sang von jenem

Mann, der mit dem Kilimandscharoschnee als Bettdecke bald schlafen und sterben wird.

Den Film nach dem Buch von Ernest Hemingway hatte ich bis zu diesem Zeitpunkt noch nicht gesehen, und von Hemingway wusste ich damals noch nichts, aber es könnte sein, dass ich kurz danach zum ersten Mal im Englisch-Unterricht mit seinem »Der alte Mann und das Meer« traktiert wurde. Das hätte leicht zur Folge haben können, dass ich sowohl für das Meer als auch für die englische Literatur verloren gewesen wäre. Hemingway, der nun mit seinem Rollkragenpulli die Hemingway-Bars dieser Welt illuminierte. Den Film hast du bis zum heutigen Tag nicht gesehen, musste ich mir sagen.

Und Tamara hatte mir an diesem Tag, da ich meine Sachen für den Kilimandscharo zusammenpackte, geschrieben: »Mir ist so langweilig ohne Dich!« Ja, auf die Liebe wartete ich fast so lang wie aufs Meer, das von da etwas ganz Großes war.

Ich. Dagegen gab es Menschen, die es überallhin schafften.

Ja, so war das Leben, und am Ende war keiner mehr da von jenen, die das Kind hatten schreien gehört, keiner mehr da von jenen, die daraufhin erleichtert gelacht hatten.

Es gab also Menschen, die wussten, wo es langging, zum großen Beispiel Odysseus, Magellan, Humboldt, McAdam, Hemingway, Lord Byron, Reinhold Messner. Cook, Drake – und all die Seeräuber. Und sogar Kolumbus, der es nicht glauben konnte, dass es Amerika war.

Vielleicht genau wie jener Mensch, der es nach dem ersten Mal nicht glauben konnte, dass es Liebe war.

Und mich gab es auch, und ich saß nun auf meinem Frontporch und schaute in die schöne Welt hinaus, und in das Unsichtbare zwischen den Häuserzeilen, in Richtung Windmühlen.

Und ich konnte nicht mehr bestreiten, dass ich Schriftsteller geworden war ... der von sich sagen musste, auch manch erfolgreichen Kollegen kennengelernt zu haben.

Ich war wie sie und liebte wie sie. Nur war ich vielleicht dümmer. Das konnte ich, dumm, wie ich war, ja nicht wissen, wie dumm ich war und wie ich alles falsch gemacht hatte, weil ich ja aufgrund der gegebenen Voraussetzungen gar nicht wissen konnte, wie man es richtig machte. Weiter reichte meine Erkenntnis nicht, als dass ich wusste, dass sie in Schlössern wohnten, dass ich etwas, wahrscheinlich alles, falsch gemacht haben musste.

Einer von diesen Schriftstellern war so reich geworden, dass er sogar einen Fahrstuhl für seine Katzen einbauen lassen konnte. So etwas will ich doch gar nicht, glauben Sie mir!, sagte ich zu meinem Lektor. Jetzt musste ich ihn nur noch davon überzeugen, dass es nicht Neid war, sondern Enttäuschung.

Und ich war doch nichts als Schriftsteller, »nur Narr, nur Dichter« ...

Mittlerweile hatte ich den Betrieb so gut kennengelernt, dass ich bald ein Buch »Meine Begegnungen mit den Literaturnobelpreisträgern« hätte schreiben können, und auch, noch umfangreicher, ein Buch »Keine Literaturnobelpreisträger«, das noch viel umfangreicher geworden wäre.

Den großen alten Böll sah ich einmal missmutig in den Gassen von Ascona, bald starb er, aber nicht deswegen (also wegen Ascona oder mir).

Herta Müller hatte in der Zwischenzeit bei mir in der Küche gesessen und gegessen. Und Peter Handke hatte mich mittlerweile an der Bar des Elefanten zu Weimar gefragt: »Wovon lebst du? Bist du mit einer Lehrerin verheiratet, oder arbeitest du als Zuhälter?«

Und dann auch noch die Schwester von Günter Grass … (Die kleine Geschichte aus dem Herzen des Ruhrgebiets, das musste irgendwo zwischen Essen und Mülheim gewesen sein …) Zwei Nonnen in der charmanten Umgebung eines Clubkellers eines katholischen Vereins, es war nach meiner Lesung. Und die eine sagte zu mir: »Der Bruder von Schwester Angelika ist auch Schriftsteller«, und ich fragte: »Wie heißt er denn?«, und sie sagte: »Günter Grass«. Das war in der Zeit, bevor er als SS-Mann enttarnt worden war, und nach dem Literaturnobelpreis. Der an seinen Sätzen nichts änderte. Aber ich errötete doch.

Mittlerweile war Trump wirklich durchgeknallt, Erdoğan auf Friedensmission in Syrien, Ursula von der Leyen EU-Kommissionspräsidentin, und Peter Handke hatte den Nobelpreis in Aussicht gestellt bekommen. Und die Post von Tamara erreichte mich auch in der Kilimanjaro View Lodge.

Es freute mich zu hören, dass Peter Handke für den Nobelpreis vorgeschlagen war, ausgerechnet er, ausgerechnet für diesen trüben Preis, der außer Ruhm und Geld an sich ja noch nie etwas wert war, zumal dieser Preis vom Erfinder und Profiteur des Dynamits als Alibi gestiftet worden war, um sich einen anderen Platz zu sichern im Geschichtsbuch als jenen eines Mitarbeiters des Bösen. Es freute mich für Peter. Gewiss würde ich diesen Preis auch annehmen, es könnte bei meiner Lage gar nicht anders sein. Aber einer wie Handke dürfte den Nobelpreis eigentlich gar nicht erst annehmen. Dachte ich. Denn es ist Blutgeld. Nobel war der klassische Kriegsgewinnler, aber genau der Richtige für unsere verlogene Gesellschaft und Welt. Da kam beim Wort NOBELPREIS ein ungeheurer Glanz über alles. Auch über das längst getrocknete Blut. Denn das Problem waren nicht so sehr die Nobelpreisträger, sondern der Nobelpreis selbst.

Doch der erste aller Literaturnobelpreisträger, mit denen ich es zu tun bekommen hatte, war Hemingway. Statt Ernest Hemingway hatte ich aber seinen Bruder Leicester auf meiner Festplatte, früher hätte ich vielleicht noch Hirn gesagt und hätte in Verbindung mit meinem Kilimandscharo von Gepäck gesprochen. Statt »The Snows of Kilimanjaro« also Leicester, der »My brother, Ernest Hemingway« (dt. »Mein Bruder Ernest«) geschrieben hatte.

Eines Tages saß ich bei den Hemingways in ihrem schönen Haus in Florida unter jenem berühmten Foto, das ich von verschiedenen Briefmarken und Hemingway-Bars dieser Welt kannte. Es hing über dem Esstisch, und ich sollte auch noch ein Tischgebet sprechen. Denn die Hemingways waren fromme Leute, ein Tischgebet auf Deutsch. Doch mir fiel keines ein, und stattdessen errötete ich. Immerhin saß ich schon in den Jahren 1980 und 1981 mehrfach unter diesem Hemingway-Pulli-Foto; und zwar im Haus seines Bruders Leicester zwischen Miami und Miami Beach direkt am großen Kanal, wo heute die Kreuzfahrthotels, die »Mein Schiff« heißen, in die Karibik all inclusive vorbeigleiten, du glaubst es nicht? Da sah ich jenen Bärtigen im Rollkragenpulli an der Wand des Esszimmers, so wie bei uns zu Hause den Kilimandscharo.

Meine Besuche bei den Hemingways lagen nun auch schon so lange zurück, wie die Mauer gefallen war. Und so lange, wie sie gestanden hatte.

Ich sagte damals Leicester freilich nichts davon, wie wenig mir sein Bruder Hemingway bedeutete.

Wie ich in dieses Haus gekommen war?

In Leicesters Haus sah ich auch den ersten Computer meines Lebens, jenes Riesenmonster, auf dem er zusammen mit der schönen Claire und Frau Hemingway ein paar Jahre lang Speisekarten für die Restaurants von Greater Miami entwarf. Auf jenem ersten Computer, der längst Schrott war. Und so kam eines zum anderen. Gleichzeitig und auf einmal: Das ist die Welt.

Und eines Tages, und wenn ich auf die Uhr schaue, so früh war es in meinem Leben, kam ich auch nach Miami, und zwar wegen einem, der Jim hieß.

Und dann. Und dann gab es noch Mrs. Claire Martinelli.

Jims Mutter, irgendwoher musste es ja kommen …

Erst ein Jahr vor der Staatsgründung von New Atlantis war Claire mit ihren zwei Söhnen vor einem faszinierenden, wenn auch zwischendurch gewalttätigen Mann süditalienischer Herkunft von den nördlichen Appalachen aus nach Miami geflüchtet. Das war also 1963. New Atlantis: Claire war von Anfang an dabei. Die Mutter meines Freundes Jim. Seinetwegen war ich ja nach Miami geflogen, zweimal in kürzester Zeit, im November 1979 und dann schon wieder im Februar 1980. Offiziell waren meine Reisen als Weltreisen deklariert, in Verbindung mit einem Buchprojekt. Und so kam es dann ja auch irgendwie. Das Wort »Reisestipendium« war auch noch gefallen meinerseits sowie auch »Wiedersehen mit meinem patagonischen Onkel«. Nun fiel mir aber auch der alte Satz eines erfahrenen Lügners ein, der mir auf der Suche nach einer Erklärung für mein Nichterscheinen geraten hatte: Eine Lüge ist glaubwürdiger als zwei. Und wo wurde mehr gelogen als dann, wenn es um Liebe ging, zumal umso eine wie meine.

Claire kannte ich also schon seit ein paar Jahren. Auch sie war eine Frau, die nicht mit Äpfeln oder Birnen zu vergleichen war. Sie war jene, die ihren zwei Söhnen auf der Flucht vor ihrem gewalttätigen Mann einst einen Atlas vorgelegt hatte. Jimmie und Joey waren damals acht und zehn Jahre alt, und darauf konnten sie schon alle fünfzig Bundesstaaten auf einmal sehen, und sie konnten auswählen, ob sie in Richtung Kalifornien oder Florida fliehen sollten. Diese Entscheidung hatte Claire ihnen freigestellt. Also für den Rest des Lebens, soweit ich das sagen konnte: Florida. Und dort – ich überschlug nun zwanzig Jahre – hatte Claire, die es nicht mehr hatte in Scranton aushalten können, von ihrem Italiener mit Küchenmessern und Brotlaiben beworfen zu werden, mit dem vergleichsweise milden Leicester und seiner Frau eine Firma gegründet, die Speisekarten für Greater Miami entwarf. Und da sah ich den ersten Computer meines Lebens, es war auch in meinem Leben ein solcher Schnitt, dass ich mich daran nicht nur einmal erinnerte, an jenes monsterartige Ding, das den halben Raum einnahm und das halbe Leben, das aber bald in die Insolvenz führte. Und dann kam Mr. Heartman von der Abwicklung und sagte, dass diese Maschine nur noch Schrottwert habe.

Das sollte genügen, dachte ich, bevor ich endlich zum Kilimandscharo aufbrach.

Und ich hätte auch an das Harry Ransom Center der University of Texas at Austin verweisen können. Dort lagerten die »New Atlantis Papers« von Leicester Hemingway. Mit all den Dokumenten und Papieren seines von ihm gegründeten Staates: New Atlantis. Bescheiden klang das nicht.

Leicester Hemingway war mit seiner Staatsgründung auf einer künstlichen Insel in der Karibik in die Geschichte der Spinner eingegangen. Er war aber auch ein anderer, ein ernsthafter Mann, ein *square man* aus Wisconsin, ich hätte nun das Wort »square« nicht mit »viereckig«, sondern mit »bodenständig« übersetzt, auch wenn mir dieses Wort nicht gefallen hätte.

Einen Vollbart hatte er auch.

»Sie können das alles im Internet überprüfen, wenn Sie meiner Erzählung nicht glauben wollen!«, so glaubte ich mich gegen unglaubwürdig dreinblickende Mienen wappnen zu können, jenen gegenüber, die Don Quichotte mit dem Lügenbaron Münchhausen verwechselten.

Der einzige Bruder Ernest Hemingways war der erste Präsident. Die Republik von New Atlantis hatte im Februar 1965 sieben wahlberechtigte Bürger, die, von Leicester auserkoren, diesen zum ersten Präsidenten wählten. Die feierliche Amtseinführung auf einem Floß in Anwesenheit der Repräsentanten dieses neuen Staatswesens, es waren sieben Personen, wurde der Weltöffentlichkeit in den Zeitungen von Belize, der Dominikanischen Republik und zahlreichen anderen Karibik- und Bananenstaaten vom 5. Juli 1964 bekanntgegeben. Bald fanden sich auch außerhalb Menschen, die diesen Staat anerkannten, vielleicht reichsbürgerartige, doch vor allem Münz- und Briefmarkensammler. Vielleicht fiel auch hier das Monströse mit dem Banalen zusammen, und ein und derselbe Mensch konnte Reichsbürger und Briefmarkensammler sein. Ich zog die Briefmarkensammler vor, die vielleicht ihre Kindheit nie abstreifen konnten.

Die Flagge zeigte etwas wie ein goldenes Dreieck auf blauem Grund, das auf spitzem Fuß stand, in das ein Kreis, der einem blauen Auge glich, eingeschlossen war. Das Ganze erinnerte mich irgendwie an das »Vorfahrtachten!«-Verkehrszeichen sowie an das Auge Gottes als Glasfenster in unserer Friedhofskapelle, die errichtet war von meinem Urgroßvater, der nach dem Ersten Weltkrieg im November 1918 Bürgermeister geworden war und 1926 ein Denkmal für die Gefallenen, das ein Brunnen war und kein heroisches Krieger-Etwas, errichtet hatte. Zuoberst konnte ich an der Stelle, wo im Nachbardorf UNSEREN GEFALLENEN HELDEN eingemeißelt war, zum ersten Mal EINIGKEIT RECHT FREIHEIT lesen, diese drei

Hauptwörter wie auf der linken Tafel der Zehn Gebote, wo auch die drei wichtigsten Dinge geschrieben waren. So dass nach seiner Absetzung 1933 auch wegen dieser fließenden Erinnerung überlegt wurde, diese Schande für die deutschen Soldaten und ihre überlebenden Frauen und Mütter (die zehn Jahre später nach dem Tod ihrer Söhne das Ehrenmutterkreuz in Gold verliehen bekämen) wieder abzureißen. Das war also auch 1933. – Da war Leicester schon achtzehn Jahre alt, wusste von seiner Republik New Atlantis noch nichts und auch nicht, dass er einmal Staatspräsident sein würde. Aber geträumt hat so einer von so etwas gewiss schon, sollte ich nun »von Anbeginn« sagen? Und würde bald in den Krieg ziehen, von dem er mir erzählte, wie er in Deutschland war.

Doch an so etwas dachte ich nun, in meiner Vorfreude auf den Kilimandscharo, schon gar nicht.

Eine Währung, die »Scruple« hieß, was ich nicht so schnell übersetzen konnte, gab es auch. Sie erinnerte mich an Zahlungsmittel aus Papua Neuguinea und an Tauschverkehr, und die etwas grob geratenen Scruples hatten auch etwas von Weihnachtsgebäck und hätten auf einer Warenpackung wohl mit einer Warnung versehen werden müssen, dass man sie nicht in der Nähe von Kindern lagern dürfe. Denn sie waren wohl giftig, aus einer Art Zement, und sahen tatsächlich wie gebacken aus, und an einem solchen Scruple hatte sich so ein Kind leicht die Milchzähne ausbeißen können. Die neue Währung war von den Hemingways in der etwas heruntergekommenen Küche im Schnellkocher und in der Mikrowelle produziert worden: Fürs Erste genügten hundert einzelne Münzen. Da es sich bei Leicester um einen Perfektionisten, welches mir als ein freundlicheres Wort für »Pedant« schien, handelte, war das Modell von ihm selbst entworfen und die Ausführung streng überwacht worden.

Auch die Flagge des Landes wurde von Leicester entworfen und von seiner Frau genäht und auf jenem Floß vor der Küste von Jamaika gehisst. Die Stelle hatte er ausgesucht aufgrund des Guano Acts, davon bald mehr in gebotener Kürze so kurz vor meiner Abreise …

Es war bei den Hemingways eine ungeheure Zeit des Aufbruchs, wohl des letzten in ihrem Leben; sie redeten die Nächte durch, und jeden Tag kamen Leicester, aber auch seine Frau und die zukünftigen Bürger von New Atlantis, darunter auch Claire – ihre Kinder waren währenddessen im Garten beim Spielen mit den Kindern der Hemingways. Am 4. Juli 1964 musste ja alles fertig sein, die Flagge, die Währung und die von den USA übernommene Verfassung samt den Gesetzen. Als Leicester seinen Staat gründete, wusste ich wohl noch nichts von Don Quichotte. Und schon gar nicht, dass aus mir vielleicht einmal einer wie er werden würde.

Ich war ja auch einmal so jung gewesen und konnte mich in die Hemingways, die damals wohl noch dachten, sie hätten das Leben vor sich, hineinversetzen. Auch wenn Leicester damals schon bald fünfzig Jahre alt war, dachte er wohl immer noch, er könnte sein Leben noch einmal herumreißen, wie meine Mutter immer dann sagte, wenn es eigentlich schon aus war.

Ich war an jenem Sommertag der Staatsgründung von

New Atlantis noch viel jünger als sie, wusste noch nicht davon, dass das Leben aus Holzwegen und Ausflügen bestand, so wie jetzt unterwegs zum Kilimandscharo, den ich aber im Jahr der Staatsgründung von New Atlantis schon lange kannte, denn er hing in unserem Speisezimmer. Bei den Hemingways in Miami hing über dem Speisezimmertisch der große Bruder Ernest, bei uns war es der Kilimandscharo.

Keine zwanzig Jahre nach der Gründung von New Atlantis sollte ich dessen Präsidenten aus nächster Nähe kennenlernen, und wann kommt man sich näher als beim Essen oder als Beifahrer? Und als ich hörte, Leicester habe sich das Leben genommen, war ich in meinem Urteil doch bestätigt, was er für ein feiner Mensch war und dass er mit seinen Sätzen und Taten nicht andere in sein Leben und Sterben hineinziehen wollte und auch nicht hineinzog. Leicester starb keine drei Monate nach meinem letzten Besuch, der mit seinem Tod nicht ursächlich zusammenhing. Er hätte mich ja in sein Schicksal hineinziehen können, hätte Schicksal spielen können für mich. Leicester starb im Alter von kaum mehr als 67 Jahren an Diabetes mellitus und Selbstmord. Was waren schon 67 Jahre? Statt der von den Medizinern angedrohten Amputation seiner Beine entschied er sich für diese Lösung; und auch ich solle immer das tun, was ich für richtig hielte. Seine Entscheidung war es, mit mir nicht über eine der zahlreichen Brücken auf unserem Weg hinauszufahren, und dann hätten wir aus der Lagune zwischen Fort Lauderdale und Key Biscayne herausgezogen werden müssen.

Er ließ mich am Leben; und nun war ich unterwegs zum Kilimandscharo.

Und ich träumte. Aus den Träumen des Staatsgründers wurde nichts.

Er hatte New Atlantis gegründet, und ich war zehn Jahre und knapp drei Monate alt und konnte längst zwischen Männerbeinen und Frauenbeinen unterscheiden. Was ich an jenem Tag gemacht habe? Das könnte ich jetzt nicht mehr sagen. So viel wüsste ich aber, dass es in der ersten Gerstenerntezeit war, und dass die Ähren blond ineinanderhingen, und dass ich am Abend jenes Tages in mein viel zu großes Bett schlüpfte, das in süd-südwestlicher Richtung stand; und dass ich bis dahin keine einzige Nacht in einem anderen Bett verbracht hatte als in diesem: meinem ersten Bett. Dahin war ich schließlich übergesiedelt, nach der Rückkehr mit meiner Mutter aus dem Kreißsaal, nun als separate Einheit, und nach der Zeit in der Wiege und im Kinderbett.

Immerhin bekam ich bei einem meiner Besuche bei den Hemingways von Leicester zwei Briefmarken mit den Hoheitszeichen von New Atlantis geschenkt, die ich leider verloren habe. Im Wert von sixty cents: Eine zeigt Churchill, die andere zeigt seinen großen Bruder. Außerdem bekam ich von Leicester ein Geldstück, etwas wie einen Kieselstein, überreicht. »That's the scruple!«, erklärte er mir. In welchem Wert weiß ich nicht mehr; und auch nicht, was auf diesem Geldstück zu sehen war. Es handelte sich ja um keine Münze aus Metall, schon gar nicht Edelmetall, oder wenigstens um etwas Blechartiges, sondern es war – wie in der Frühzeit – aus einem steinartigen Material.

Jetzt wäre ich froh gewesen, ich hätte diese Dinge bei mir behalten, da hätte ich gewiss meine Rente aufstocken können, die ich in ein paar Jahren bekommen sollte, und wenn ich daran dachte, war ich zurückverwiesen auf den Biolehrer, der mich auf meinen Platz verwies mit dem Satz: »Kümmerlich ernährt sich das Eichhörnchen.« Sollte er am Ende recht behalten?

Ich las, leider viel zu spät, dass die Haupttätigkeit von New Atlantis vor allem in der Ausgabe von Briefmarken bestand. Das war die geschäftliche Seite des Unternehmens, das, was sich lohnte, und wer weiß, vielleicht war das doch der entscheidende Gesichtspunkt bei Leicesters Überlegungen, die zu seiner Staatsgründung führten.

Also war ich auch einmal, und gleich mehrfach, bei einem Staatspräsidenten zu Besuch. Und es kann ja sein, dass in den New Atlantis Papers an der University of Texas mein Besuch als Staatsbesuch verzeichnet ist. So wie meine Besuche bei einem Kollegen vom Prenzlauer Berg namens U. in den Akten der Stasi verzeichnet sind, wo ich allerdings als geschwätzigdummes klassenfeindliches Subjekt figuriere, das als Mitarbeiter nicht in Frage komme, und der mögliche Schaden der Einbeziehung eines solchen Charakters ins operative Geschäft den Nutzen weit übersteige. Und in den Staatsakten von New Atlantis erscheinen meine Gespräche mit dem Staatspräsidenten im Auto zwischen Miami und Miami Beach, Fort Lauderdale und Coconut Grove und in jenem schönen Haus direkt am Kanal mit den Kreuzfahrtschiffen als Verhandlungen. Und die Essen als Staatsbankette. So immerhin schaffte ich es, in Dokumentsammlungen von nationalem Rang zu kommen …

Konnte ich mir sagen … gegen Ende meiner Sätze aus der Vogelscheuchensatzabteilung hin …

Eine Reise mit dem Bundespräsidenten, ausgerechnet nach Afrika!, war ja an dessen plötzlichem Rücktritt gescheitert. Den neuen Anzug hatte ich für diese Sechstagereise nach Burkina Faso und Südafrika zur Eröffnung der Fußballweltmeisterschaft schon griffbreit am Schrank hängen, einen Tag bevor ich von einem Mitarbeiter des Präsidialamtes zu Hause abgeholt und von einem Polizeifahrzeug nach Tegel eskortiert, direkt vor die Gangway der Maschine gefahren werden sollte. So hatte ich es in einer What-to-do-Liste zu lesen bekommen. Doch in den 14-Uhr-Nachrichten des Deutschlandfunks wurde gemeldet, dass der Präsident der Bundesrepublik Deutschland mit sofortiger Wirkung von allen seinen Ämtern zurückgetreten sei. Bei diesem Präsidenten handelte es sich um einen feinfühligen Menschen, der es nicht hatte verwinden können, im SPIEGEL mit Heinrich Lübke in der Endphase verglichen zu werden. Wahrscheinlich war es vor allem für mich das Beste, dass jene Kurzreise nicht zustande kam, denn ich wusste eigentlich immer noch nicht, was ich in einer Präsidentenmaschine verloren haben sollte; und wie ich es dahinein beinahe geschafft hatte, auch nicht.

Der Präsident von New Atlantis hatte mir also im Auto unterwegs den Rat fürs Leben gegeben, ich solle immer das tun, was ich für richtig hielte. Er saß am Steuer und musste mir so nicht in die Augen schauen. Vielleicht hatte er diesen Platz, um einem wie mir etwas ganz Wichtiges mitzuteilen, für ideal gehalten. Er wollte mich auch hier schonen, hatte vielleicht an mein Erröten gedacht, und dass er nicht mitansehen müsste, wie ich mitansehen müsste, bei ihm eine Irritation auszulösen, die einer Frage glich, nämlich ob es nicht vielleicht besser wäre, diesem jungen Mann den richtigen Psychiater zuzuführen. So saßen wir nebeneinander in einem ziemlich überholten Buick Skylark und fuhren geradeaus. Es hätte aber auch anderswohin sein können.

Immer das tun, was ich für richtig hielte, aber das Erröten gehörte nicht dazu; es war doch gerade nicht das Zeichen meines freien Willens, sondern meiner Gefangenschaft.

Immer das tun, was ich für richtig hielte, so auch, endlich zum Kilimandscharo aufzubrechen?

Mir hatte er das damals geradezu eingeschärft, als dächte er schon an nichts anderes, als bald dem Beispiel seines Vaters und seines Bruders zu folgen: immer das tun, was ich für richtig hielte.

Der Präsident von New Atlantis nahm sich das Leben, es war am 13. September 1982. Noch so ein Widder, 67 Jahre, fünf Monate und 13 Tage.

Und bald würden meine Jahre und ich ihn überholt haben, das war schon abzusehen am Tag der Heiligen Drei Könige, als ich mit Ethiopian in Richtung Kilimandscharo International aufbrach.

Ich weiß nicht, ob es eine Gedenkmünze von New Atlantis oder eine Briefmarke zum Tod des Staatsgründers gab. New Atlantis war ja überhaupt erst durch die US-amerikanischen Gesetze ermöglicht worden. Der Guano-Islands-Act, der US-Bürgern ermöglichte, ferne Inseln im Namen der US-Regierung zu beschlagnahmen, war bis zum heutigen Tag nicht widerrufen. Und von der Absicht des US-Präsidenten, Grönland zu kaufen, wusste ich in den Tagen vor meinem Abflug nach Kilimandscharo International auch noch nichts. Von so etwas träumte ich nicht, zu expandieren und neue Staaten zu gründen im Namen der USA, wie sie das schon seit über zweihundert Jahren mit den Indianern und Mexikanern (die eigentlich ja auch Indianer waren) machten und auch mit den Spaniern ... Das Leben ist kurz und die Welt groß und unübersichtlich, so dass das einzelne Leben nicht einmal die Möglichkeit bekommt, alles zu erfahren und zu wissen, und schon gar nicht, etwas daran im Großen und Ganzen zu ändern.

Mir blieb nichts anderes übrig, als jeden Tag wieder aufs Neue zu leben, am Morgen in den jeweiligen Tag hineinzufinden, und am Abend hoffte ich, einschlafen zu können. Das war fast schon alles geworden im Januar 2017. Und dass ich jetzt endlich ein Stückweit in Richtung meiner Sehnsucht fahren sollte.

»Leicester Hemingway died in 1982 at the age of 67. His death, like his brother's and his father Clarence's, was a suicide.«

Er war ein glänzender Erzähler, der zum Verstummen neigte.

38

Er war ein glänzender Erzähler, und dann hörte ich Leicester schon wieder sagen, ich solle immer nur das tun, was ich für richtig hielte, doch woher sollte ich das wissen? Näheres sagte mir Leicester nicht, neben dem ich im Auto saß, wie ein paar Monate zuvor mit Erica, meiner patagonischen Cousine, die uns beinahe gegen einen Brückenpfosten bei Esquel, kurz vor Gobernador Costa und Alto Río Pico gefahren hätte, so lebhaft waren wir. Nur war es jetzt in Miami von der 22nd Street nach Coral Gables, und ich sollte immer nur das tun, was ich für richtig hielte. Mit dieser Auskunft war ich nun allein und hatte am Tag meiner Abreise Leicester mittlerweile schon um mehr als dreißig Jahre überlebt, ohne dass etwas passiert wäre. Es war ja auch nichts auf jener Fahrt passiert; nur dass ich ein paar Monate später aus Miami hörte, Leicester habe sich wie sein Vater und sein einziger Bruder nun auch erschossen. Immerhin war es in Meeresnähe und als Letztes hatte er auf der anderen Seite seiner Augen das Meer gesehen, und wie sein Schauen und sein Schuss zusammenfielen. Und dann all die Kreuzfahrer.

Ich war kein Bruder dieser abenteuerlichen Menschen, keiner von denen, die es überallhin schafften, alles Männer, die noch mit 75 glaubten, es der Welt zeigen zu müssen mit einer neuen Frau. Und auch Marlene Dietrich kannte er, er sagte, ich übersetze: Sie war ein Mordsweib. Und so fort.

Die Hemingways waren rücksichtsvolle Menschen. Sie zogen sich zum Sterben und zum letzten Schuss zurück. Und hinterließen ihr Unglück den Überlebenden.

Ja, er hätte, als er die Waffe zum letzten Schuss gegen

sich richtete, als Letztes auch damals schon auf schwimmende Megahotels sehen können, die vor seinem Fenster vorbeifuhren, von steuerfreiem Schweröl getrieben.

Doch nun war ich unterwegs zum Kilimandscharo.

Ach, meine Straßen, mes voies!

Im selben Jahr, als unsere Straßen zugeteert wurden, kam auch der Zirkus Brumbach zu uns ins Dorf. Er gastierte im Baumgarten hinter unserem Hof. Und da sah ich den ersten Löwen meines Lebens. Wir Kinder konnten ihn schon in den Tagen vor der Veranstaltung immer wieder sehen und uns eine entsprechende Kindergeschichte dazudenken. Er war in einem Käfig.

Eingefangen worden war er vielleicht am Kilimandscharo.

Auf dem Gelände der riesigen Momellafarm.

Dahin war ich nun so langsam unterwegs, so glaubte ich es.

Dort wurden ja auch die Tiere für die Zoos dieser Welt eingefangen.

Sie gehörte nach dem Krieg einem Herrn Kiehn, der seinerzeit aus der Quellgegend der Donau nach Wien kam, seinerzeit war seinerzeit das Hauptlügenwort, und bald folgte der Krieg. Und der Herr Kiehn hatte danach einem Herrn Schirach, Baldur von, den man in Wien auch kennengelernt hatte und kannte, am Ende seines Lebens Obdach geboten, zurückgekehrt aus dem Kriegsverbrechergefängnis in Spandau.

Das war dann jenseits von Schwäbisch Mesopotamien, einen Katzensprung vom Quell der Donau entfernt. Der

Ort aber war die Nachkriegswüste und hieß Trossingen, Welthauptstadt des Bandoneons und der Ziehharmonika. Kiehn war ein Mann, der mit 85 noch im Stehen vom Einbaum aus Krokodile erlegte und um die Momellafarm zu Füßen des Kilimandscharo herum Löwen, die nun ausgestopft im Museum von Trossingen zu bewundern waren, eigenhändig abgeschossen hatte. Das wusste ich von Friedemann …

Er hieß Fritz Kiehn und kam eines Tages vom Niederrhein her als Hausierer in jene Wirtschaft von Trossingen hereingeschneit, das war noch in den zwanziger Jahren, übernahm eine der Töchter, und bald war auch Magirus Deutz in Ulm arisiert. Und am Ende saßen die Kinder von Bormann und Baldur von Schirach in der Villa in Trossingen, und ihr Vater war immer noch Ehrenbürger, nach dem Straßen, Turnhallen, Kindergärten und Plätze benannt waren.

Ich hatte mich vor meiner Reise leider wieder einmal viel zu spät kundig gemacht, ich gebe es zu. Erst ein paar Tage vor meiner Abreise.

Immerhin Momella. Der Name gefiel mir, wenn auch nicht ganz. Hatte auch einen infantilen Anteil, so wie auch das italienische Wort »bello«. Das ich zudem gar nicht schön fand.

Also stand außer dem Fritz-Lang-Bild auch die Momellafarm auf meinem Programm.

Leicester Hemingway hatte mir mit auf den Weg gegeben, immer das zu tun, was ich für richtig hielte. Dieser Gedanke war zu meinem Ohrwurm geworden. Daran konnte ich mich nie halten, bei meinem linkshändigen

Kopf! Leicesters Option wäre mein Leben lang nichts für mich. So gut kannte ich mich mittlerweile. Umbringen wollte ich mich nicht, konnte ich mich nicht, schon gar nicht erschießen, zumal ich immer an die Menschen dachte, die mich so in meinem Schlafzimmer auffinden würden.

Aber der Kilimandscharo, das musste nun sein. Und ich hoffte, dass der Name Leicester, der mir im Übrigen gar nicht gefiel, in meinen Ohren etwas Mieses oder Fieses hatte wie eine unanständige Frage, fortan nicht mehr aufkreuzte wie ein Ohrwurm. Und dass ich ihn spätestens bei meiner Ankunft auf Kilimandscharo International hinter mir gelassen hätte. Requiem aeternam!

Und Friedemann hatte mir ein paar Tage vor meinem Abflug, es war am Fest der Unschuldigen Kinder, am Telefon gesagt: Wenn du am Kilimandscharo bist, musst du unbedingt zur Momellafarm!

Dahin, wo Fritz Kiehn, von dem ich schon gehört hatte, auf den nach ihm benannten Straßen ich schon unterwegs gewesen war, zwischen der Welthauptstadt des Bandoneons und der Welthauptstadt von Medizintechnik und Kannitverstan, und an dessen nach ihm benannten Stadthallen und Kindergärten ich schon vorbeigefahren war.

»Wenn du zum Kilimandscharo gehst, musst du unbedingt zur Momellafarm!« Und das hatte ich dann auch vor, und ebenso bald nach meiner Rückkehr ins Museum nach Trossingen zu fahren, um die Trophäen dieses Lebens zu besichtigen, darunter, wie ich aus dem Internet wusste, auch den berühmten Momellalöwen sowie ein ausgestopftes Zebra und mehrere Gazellen und seltene

Vögel. Außerdem gebe es einen Schwarz-Weiß-Film von hohem dokumentarischen Wert, gedreht im Auftrag des damaligen Südwestfunks Baden-Baden.

Die Frauen darunter wurden aber nicht gezeigt und nicht einmal erwähnt, der Großwildjäger ging allein auf Jagd, das heißt mit seinesgleichen … der Rest war Après-Ski und Schweigen.

Doch nun war ich unterwegs zum Kilimandscharo.

Es war am Morgen des Tages der Heiligen Drei Könige, und jedes Kind wusste, was das für ein Datum war, welches die Menschen, die den Schrein hüteten, über dem der Kölner Dom errichtet worden war, in Erklärungsnot hätte bringen müssen. Doch besser war es, davon gar nicht mehr zu reden, wie es so weit gekommen war, dass die Heiligen Drei Könige schließlich vom Morgenland aus, mit einem Umweg nach Betlehem und zurück ins Morgenland, in Köln ankamen, zuletzt schon tot, irgendwie waren ihre Knochen in Mailand gelandet und dann von einem Kölner gestohlen und nach Köln verfrachtet worden. Und der Dassel hat dann für sie den Dom gebaut und die Wallfahrt eingerichtet, eine der größten, von denen niemand mehr spricht … Eine glänzende Geschäftsidee, bis zum heutigen Tag eine Haupteinnahmequelle von Köln, dachte und wusste ich schon wieder.

Seltsame Zufälle am Tag meiner Abreise … Ich entdeckte mitten in der Nacht eine Fliege am Rand der Toilettenschüssel, »woher kommt denn die Anfang Januar?«, und dachte: Sie hat wohl einen besseren Schlaf als ich, ich bin jetzt vorsichtig mit meinem Strahl … ich spüle jetzt nicht … So nahe fühlte ich mich ihr auch wieder nicht, dass ich »du« gesagt hätte zu ihr … Aber vielleicht war das gerade das Problem, dass wir Lebewesen auf dieser Welt nicht du sagten zueinander; und dann komme ich zwei Stunden später, sie ist immer noch an derselben Stelle. Wahrscheinlich ist sie tot, sagte ich mir, und zweifellos galt das Wort auch für sie, diese Eintagsfliege.

Doch … einen sonderbaren Platz zum Sterben hat sie sich da ausgesucht, dachte ich jetzt, am frühen Morgen. Und ich hatte immer noch nicht ganz gepackt.

Und wieder einmal in Eile, doch keiner mehr und keine, die »du schaffst es noch« gesagt hätte. Außer …

Und keiner, der mich dieses Mal noch zusätzlich aufgeregt hätte und auf die Uhr verwiesen – warum immer alle so teure Uhren haben wollten, die ich auch in Afrika sehen würde, wusste ich immer noch nicht. Von den anderen Touristen und Toilettengästen in den Transitzonen der internationalen Verbindungsstationen unterschied ich mich wahrscheinlich nur, insofern ich vielleicht der Einzige war, der mit Smoking und Fliege und Lackschuhen im Gepäck unterwegs war. Die entsprechende Uhr aber, ob nun von der IWC oder Patek Philippe, fehlte mir. Der Smoking und die Lackschuhe waren wegen Bremen. Wo ich am Abend des siebten Tages zur Eiswette geladen war. Doch zuerst der Kilimandscharo!

»Es ist ein Kindheitstraum. Und ein Kindheitstraum steht nicht zur Disposition«, hatte ich in Hervé Guiberts Afrikabuch »Das Paradies« gelesen. Der Maler Robert Rose hat ihn gemalt, wie er da nackt im Bett liegt und liest, auch für mich.

Als wäre es die Strandlektüre von einem gewesen – was sich schon wieder gereimt hätte –, der zwar von der Welt wusste, lange aber kaum über sein Stalltürchen hinausgekommen war, doch mittlerweile auf seiner abwaschbaren Weltkarte als Schreibunterlage sehen konnte, wo überall er schon gewesen war. Also war das Wegkommen und Reisen auch mein Kindheitstraum. Bei anderen waren es das Daheimbleiben oder eine Rolex, von der sie die Zeit nanosekundengenau ablesen konnten.

»Gelesen« und »gewesen«: Es reimt sich auch bei mir doch manches, dachte ich. Wie in Ernas Leben, die die ersten fünfzig Jahre ihres Hierseins kein einziges Mal das Meer gesehen hatte, doch seit der Einführung des Fernsehens fast täglich, zuerst schwarzweiß und in ihrem späteren Leben nun türkisblau oder grau. Sie gehörte immerhin zu jenen Menschen, die vom Meer gehört hatten. Und es nun täglich sahen. Manchmal auch rauschen hörten, das war an der Küste von Cornwall, im Garten von Rosamunde Pilcher. Oder vom Traumschiff aus.

Ich gehörte lange genug auch zu jenen, die vom Deutschen Bücherbund mit Hauptvorschlagsbänden beliefert wurden. Das säumige Mitglied war ich, Mitglied, noch so ein Wort, Genossenschaftsmitglied, Mitglied von meinem zehnten Lebensjahr an, und dass ich schon damals nicht so war, wie ich hätte sein sollen, konnte ich nun daran erkennen, erinnerungsweise, dass ich zwar anfangs noch fleißig bestellte, gegen Ende hin kam aber in Vierteljahresintervallen der Hauptvorschlagsband. Den »Nachsommer« hatte ich schon, und im Lauf der Jahre, mit dem Kilimandscharo als Zeugen, mehrfach gelesen. Mitglied der katholischen Kirche von meinem neunten Tag an.

Mitglied der DLRG, vom Land aus, Mitglied der Gesellschaft zur Rettung Schiffbrüchiger, wegen der schönen Sammelbildchen und all der Leuchttürme und Rettungsringe und wegen des tobenden Meerblaus und all der Wellen, denen die Lebensretter der Deutschen Lebensrettungsgesellschaft auf ihrem bulligen Schiff trotzten.

Bald kam der »Ulysses« hinzu. Jener Band in Grün. Ich las, dass man dieses Buch lesen müsse, wenn man … Und ich las und vergaß.

Und konnte mir keinen Reim machen. Doch ich glaubte es, was mir da gesagt wurde. Und da ich es nicht leiden konnte, ein Buch, das ich zu lesen begonnen hatte – was war das doch für ein komisches Wort: »auslesen« –, nicht auszulesen, so wie ich Menschen nicht leiden konnte, die den Teller nicht leer aßen, las ich es aus wie den »Schatz im Silbersee« und »Rauher Osten, Wilder Westen«, ein Hauptvorschlagsband, ein Millionengeschäft um 1968 herum in meiner Welt; und das Einzige, woran ich mich erinnern könnte, wäre Colby, wie er unten ohne in seinen gröbsten Lederhosen im Wilden Westen herumspazierte und herumritt.

Der Titel gefiel mir. Aber auch das schlechte Papier löste mittlerweile Allergien aus.

Und gleich nebenan hing der Kilimandscharo. Den Kilimandscharo kannten wir alle. Den Kilimandscharo hatte ich jeden Tag gesehen. Sie auch, meine ersten Menschen. Ich weiß es nicht, aber wahrscheinlich doch. Wenn sie (meine Mutter, zum Beispiel) die Speisen zum Esstisch trug, sah sie ihn jedes Mal, und auch den Schnee auf dem Kilimandscharo muss sie gesehen haben, auch wenn man mit der Zeit auch das Nächste gerne übersieht. Wie den Schnee auf dem Kilimandscharo an jener Wand meines ersten Lebens, in den ersten Wänden meiner Welt, in den eigenen vier Wänden, einst. Und es war noch gar nicht so lange her, da wurde dieser Schnee von den Wissenschaftlern für unmöglich gehalten, so nahe am Äquator. Dass er im Vergleich mit unserem Bild über dem Esszimmertisch schon ziemlich geschmolzen war, wusste ich aus meinem ökologischen Reiseführer – der zweite Teil dieses Wortes war aus dem Verkehr gezogen und durfte nur noch in Kombination mit einem anderen Wort, etwa »Reise-« oder »Stadt-« oder »Berg-« vorkommen. Noch besser war es nun, das eine Wort durch das andere zu ersetzen, also hätte nun mein Guide, um das proklamierte Klimaziel zu erreichen, die Menschen davon abhalten müssen, überhaupt zum Kilimandscharo zu fliegen und zu reisen, und was und wohin weiß ich.

Das Leben auf digital umstellen: Das wäre wohl die Rettung gewesen, also überhaupt nicht mehr reisen, Kinder machen, lieben, und so fort. Und was den Kilimandscharo betraf: Der größte Beitrag zur Rettung des Schnees auf dem Kilimandscharo wie der Welt wäre es gewesen, überhaupt nicht mehr da und dort hinaufzuwollen. Immerhin würde mir das Sehen des Berges von einer bequemen Aussichtsterrasse aus genügen. So würde ich in meiner Ökobilanz zwar einerseits ganz gut abschneiden, verglichen mit den kampfgeistartigen Trekkinghorden und all ihrem Gepränge. Doch andererseits war mein ökologischer Fußabdruck verheerend, denn der Rückflug am siebten Tag war ja schon confirmed.

In Zukunft wäre es wohl besser, der Mensch würde die Welt und sich selbst, um sie und sich zu retten, überhaupt nicht mehr erkunden oder nur noch digital. Aber gerade das trug zur verheerenden Ökobilanz fast jedes Menschen mit am meisten bei. Das meiste wusste ich immer noch nicht; und würde ich in alle Ewigkeit nicht wissen. Ab und zu erreichte mich ein scheinbarer Wissensfortschritt per Zufall, so wie die Nachricht, dass kaum etwas mehr Strom fraß als mancher Megarechner. Also lag folgendem Gedanken, den ich nun noch nachtrage, doch ein Irrtum zugrunde, der im Ranking der meistverbreiteten Irrtümer wohl auf Platz 1 gekommen wäre: dass die digitale Welt die umweltfreundlichste aller Welten war. Dass also die digital erkundeten Höhlen dieser Welt, von den Höhlen von Lascaux an, die Ökobilanz überhaupt nicht belasteten. Doch, dachte ich (immer nur mir) nun: Am umweltfreundlichsten wäre es, gar nicht erst in die Welt hinauszugehen, ja am allerumweltzukunftsfreundlichsten wäre es, das Licht der Welt gar nicht erst zu erblicken, und jetzt, da an dieser Tatsache nichts mehr zu ändern war, dachte ich, als meinen Beitrag zur Rettung der Welt, die Höhle von Lascaux nur noch digital zu erkunden. Und nebenbei: Anders wäre es ja nur mit einer höchsten Sonderbewilligung des Staatspräsidenten möglich gewesen. Es war mir aber ziemlich egal, dass ich diese Höhle in meinem Leben nicht mehr mit eigenen Augen sehen würde. Ich brauchte dafür nicht einmal eine Simulation in der nachgebauten Höhle, im Höhlenfaksimile.

Alles Große begann ganz unscheinbar, vielleicht auch in meinem Leben: Warum nicht ganz klein anfangen, mit einem kleinen Schritt zur Rettung der Welt, mit meinen eigenen Beinen? Doch auf den Schnee auf dem Kilimandscharo an der Wand unseres Esszimmers wollte ich keineswegs verzichten. Ihn und alles im Original zu sehen, das war ein Hauptgrund meiner Reise, die doch auch eine Mühsal war für mich, zuoberst den Schnee zu sehen, den Äquatorschnee. Mein Beitrag zur Rettung des Kilimandscharoschnees war – nachdem an der Tatsache, dass ich mit einem Interkontinentaljet angeflogen wäre, nichts mehr zu ändern gewesen sein würde –, dass ich außer dem Jeep mit dem Fahrer, der mich ziemlich in Augennähe des Kilimandscharoschnees gefahren haben würde, keine weitere Energie mehr verbrauchen würde als jene, die mein eigener Energiespeicher lieferte, der so groß war wie ich. Da hatte ich mich wieder einmal getäuscht: Mehr als die Rechner dieser Welt fraß kaum etwas an Energie.

Dass mir das Sehen genügte und meine Augen schon meine ersten Stellvertreter für das Gehen waren, verbesserte meinen ökologischen Fußabdruck immerhin entscheidend, noch bevor ich dieses Wort kannte. Kunstschnee gab es schließlich auch noch, schon lange in der Wintersportindustrie. Aber daran und an sie und ihre Verwüstungen wollte ich nun gleich gar nicht denken, so kurz vor meiner Abreise zu einem Bild meines Lebens.

Das Bild hieß allerdings »Der Kibo von Madschame aus«, und nicht Kilimandscharo. Das war schon in der Zeit nach der »Kaiser-Wilhelm-Spitze«.

Und nun war ich genau zu dieser Stelle unterwegs, die ich, seitdem ich sehen konnte, vom ersten Tisch meines Lebens aus sah. Können Sie sich an Ihren ersten Tisch erinnern?, hätte ich gerne einmal in den Raum hinein gefragt. Und an Ihren ersten Trieler? (Vor dem Wort »Lätzchen« ekelte ich mich nämlich wie vor kaum etwas.) Freilich musste ich mir die Reisesehnsucht von einem, der bis dahin ein Leben lang festgesessen hatte, dazudenken. Das war kein anderer als ich.

Jene Gäste, die zu uns ins Haus kamen, sahen es auch, dieses Bild, und oftmals wurde nach dem schönen Bild gefragt. Und dann konnten sie hören: »Das ist der Kilimandscharo, wie gemalt von Fritz Lang«, seinerzeit, das war 1929. Und der Gast konnte jenen gewissen Stolz auf den Kilimandscharo aus der Stimme heraushören, jenen Besitzerstolz, bei dem auch noch so etwas mitschwang, als hätte er das Bild selbst gemalt und als gehörte das Gezeigte ihm. »Können Sie etwas zu diesem Maler sagen?«, wurde auch manches Mal gefragt. »Wann lebte er? … Wo war es?«, und die näheren Freunde des Hauses fragten dann, als sie seine Lebensdaten hörten (vielleicht an Brecht geschult, dessen Leben auch in die *finsteren Zeiten* gefallen war, ob er wollte oder nicht): »Was hat er damals gemacht?« Die Beherzteren, die es in unser Esszimmer schafften, fragten schon: »War er ein Nazi?« Und dann hörte ich ein entschiedenes »Nein! – Ein Nazi war er nicht. Nicht mehr als die Millionen.« Und dann kam die Geschichte mit dem Affen. Dass der darbende Maler seinem Neffen ein Bild gezeigt hatte, einen Affen, und gesagt: Das ist Hitler. – Genügte das? – Und dass seine Bilder so unbekannt waren, dass man sie gar nicht verbieten musste, und dass er von ihnen leben musste … wie ich mir hatte sagen lassen, war eigentlich auch kein Indiz dafür, dass es sich bei meinem Maler um einen Nazi gehandelt hätte. Mehr wusste ich nicht.

Ich wusste nur, dass er weitermalte, sich mit seiner Frau in ihrem Haus versteckte, nachdem das einzige Kind gestorben war. Und nie darüber hinwegkam, und seine Frau auch nicht. Und dass er damals schon zu alt war, um auf so einen hereinzufallen oder gar einen Schaden anzurichten: So einfach wollte ich es mir auch nicht machen, ich, der seine späte Geburt niemals als Gnade empfunden hätte.

Und wie ist es mit dir? Was bist denn du für einer? Und was machst du denn am Kilimandscharo? Hast du da etwas verloren? Was hast du vor? Mit welchem Recht bist du denn unterwegs? Wartet man da unten denn auf dich? Was hast du denn, und was fehlt dir? Fragte ich den Nachgeborenen, der ich war.

Und wie war es mit mir heute, am Tag der Heiligen Drei Könige, da ich schon unterwegs zum Flugzeug war, zum Kilimandscharo aufgebrochen, um ihm mit meinen Augen zu huldigen wie die Heiligen Drei Könige jenem Kind. Und was an diesem Tag an Verbrechen geschah auf der Welt, für die meine Zeit zur Rechenschaft gezogen würde. Doch von wem? Keiner glaubte mehr an das Jüngste Gericht. Dieser Gedanke war für die Opfer sprachverschlagend. Und auf keine meiner Fragen hatte ich eine rechte Antwort. Als Entschuldigung hätte ich vorbringen können, dass in meinem linkshändigen Kopf immer noch das Wort »Paradies« auftauchte oder aufblitzte. Wohl wissend, dass es sich dabei um einen Tagtraum handelte. Ich wusste nur, dass es ein schönes Wort war und dass jenes Bild aus der Mitte meiner ersten Welt ein schönes Bild war. Und dass ich immer noch unterwegs war.

Mancher Mensch am Fuß des Kilimandscharo träumte vom Paradies und dachte dabei aber an etwas ganz anderes als Afrika, vielleicht war es Europa, und dann landete der junge Mann mit etwas Inschallah bei uns, in einem Auffanglager oder in einer der Transitzonen dieser Welt.

Nur in der ersten Zeit der Begrüßungs- und Umarmungseuphorie gab es dann eine Banane und mehr vor dem Lager am Westbahnhof in Wien, und auch noch in Salzburg, Freilassing und München, so wie in den ersten Tagen nach dem 11. November 1989, als jeder Zonensusi eine Banane auf den Trabi gelegt wurde. Und da fiel mir jener Keramikteller im Wohnzimmer meiner Tante ein, auf dem, zu einem Zierteller an der Wand geworden, der Spruch zu lesen war: »Die Menschen sind nicht immer, was sie scheinen, doch selten etwas Besseres«, noch in der alten Rechtschreibung. Ich wusste nicht, ob meine Tante diesen Teller zum Geburtstag geschenkt bekommen hatte oder ob sie sich diesen Teller ausgesucht hatte, der dann von einem Mann im Haus an die Wand genagelt wurde, denn den Hammer zu bedienen war das Privileg der Männer, sie waren auch für das zuständig, was an die Wand genagelt wurde. Und mir fielen auch noch all die aufrechten Bürger und Genossen ein, die Denunzianten, welche bei den Säuberungsprogrammen dieser Welt bald in die schönere Wohnung eines Nachbarn einziehen konnten, den sie als Spion gemeldet hatten. Und dann: »An die Laterne!« – In einem anderen Haus hatte ich gleich im Flur, gleich neben der Haustür, jenen Spruch von Wilhelm Busch lesen können: »Seitdem ich die Menschen kenne, liebe ich die Tiere.«

Ich dachte nun wieder an den armen Löwen in seinem mobilen Lebenskäfig des Zirkus Brumbach, und wie er selbst in das kleinste Dorf gefunden hatte, das mein Dorf war.

Bei mir war mein Körper das Gefängnis, das Gefängnis meiner Seele, wie Platon vermutete, und nicht ich. Immerhin waren meine Sätze Fluchtversuche, meine Fluchtversuche.

Ich wollte nur sagen oder denken, dass … Das aber schwerer war als träumen … dass die Menschen früherer Zeiten ja nicht wegkamen, es sei denn, sie wären gestorben wie meine Tante oder sie wären vertrieben worden oder vom Kaiser oder vom Sultan beschlagnahmt, an die sogenannte Front verfrachtet worden, und hatten keine Hoffnung, jemals wegzukommen, es wäre denn Amerika gewesen, als Auswanderer, die nun Flüchtlinge hießen.

Sie kamen damals nicht weg. Außer es war Krieg. Da haben meine Großväter zum ersten Mal das Meer gesehen, der eine das Meer von Flandern und der andere bei der Überfahrt in die Gefangenschaft nach Southampton.

Und keiner ging da unfreiwilliger und ungefragter hinein, in den Krieg, als ein Mensch, der seinen Boden nicht verlassen wollte.

Bei mir war es, wie bei manchem Gesicht vom Fuße des Kilimandscharo, auch ganz unfreiwillig, dass ich da bleiben musste, von wo meine Großväter nicht wegwollten.

Wenn die Welt danach gewesen wäre, hätten sie aber niemals einen Gedanken darauf verschwendet und keinen Traum, von da, von wo die anderen hatten gehen müssen, weggehen zu wollen, wie auch unser Viehhändler namens Fröhlich, der nach dem Krieg aus seinem Kibbuz von der syrischen Grenze her uns besuchen kam und nach den Kühen fragte, die er uns zurückgelassen hatte.

ERSTER TAG

Wieder einmal gerettet. So stand ich am Gepäckband und wartete auf meine zwei blauen Rimowakoffer. Zwei, weil in dem einen das Zubehör für meinen Auftritt bei der Bremer Eiswette lag, das heißt: mein Smoking, mein Smokinghemd, meine Smokingfliege, meine Lackschuhe … Auch sie sollten es leicht und luftig haben. Und möglichst heil in Bremen ankommen, meiner »Final Destination«, wenigstens in den Köpfen der Fluglogistiker. Ich kam ja vorher nicht mehr nach Hause. Ich werde alles rechtzeitig klären …

Vor mir im Flugzeug, in der Business-Class zwischen Addis Abeba und Kilimandscharo International, hatte eine Delegation gesessen, unterwegs zur Vorbereitung der Weltbevölkerungskonferenz, die im November 2019 in Kenia stattfinden würde.

Immer wieder sah ich den Chefsteward mit dem Vorhang hantieren, der diese Klasse von meiner Klasse trennte, das gehörte wohl zu seinen Hauptbeschäftigungen, und ich – Arme-Schweine-Klasse, immerhin erste Reihe hinter dem doch eher abgewetzten, aber als Trennlinie zwischen jenen, die dazugehörten, und den anderen, die nicht dazugehörten … also gleich hinter jenem klassischen Vorhang – konnte noch schräg von hinten sehen, wie wichtig es für diese Passagiere war, eine Miene des Wegsehens und des Desinteresses an dieser anderen Klasse zu machen, so dass man ihnen nicht ansah, wie wichtig es ihnen war, in der Business-Class zu sitzen. Als wäre es ihnen egal, in der Business-Class zu sitzen. Das Gegenteil war ja der Fall. Am wichtigsten war es, jeglichen Blickkontakt mit der Schweineklasse zu vermeiden. Das wusste ich von mir selbst. Ich war ja in vergangenen Zeiten immer wieder in dieser Klasse gereist. Ein Sehschlitz zur Business-Class hinüber: Das war's, was mir vom großen Leben mittlerweile geblieben war. Doch ich wollte nicht undankbar sein; und schon wieder kriegte ich die sogenannte Kurve zu den Tatsachen hin: dass ich ja auch so zu den privilegiertesten Stellvertretern jener Menschheit gehörte, die auf dieser Welt unterwegs waren.

Die zwei, die ich nun am Flughafen am Förderband sah, wo der Klassenunterschied kurzfristig aufgehoben war, hatte ich schon vorher gesehen. Der eigentlich schäbige Vorhang war nämlich nicht ganz sichtschutzfest. Ich musste, wollte ich nicht die ganze Zeit durchs Fenster zu den taghellen Weiten Kenias hinunterschauen und eine Genickstarre riskieren, zum Ausgleich immer wieder geradeaus und auch leicht links nach vorne schauen, und da sah ich jenen Mann und jene Frau und hätte die Haare auf ihrem Kopf zählen können.

Und ihr Gespräch belauschen konnte ich auch. Und riechen konnte ich auch, zum Beispiel das Essen und die Parfüms der Business-Class-Gäste.

Und jetzt sah ich sie, wie sie sich richtig aufgestellt hatten am Förderband und insgeheim den Kopf über jene schüttelten, die sich falsch aufgestellt hatten, also nicht einmal wussten, in welche Richtung das Band starten würde. Solche Trottel gab es immer noch.

Zu ihnen gehörte ich nicht. So etwas wusste ich. Vielleicht erhöhte das bei ihnen mein Prestige etwas, was wusste ich schon. Vielleicht waren es auch meine zwei sündhaft teuren Koffer, die diesen Menschen zu verstehen gaben, dass ich nicht auf Trekkingtour in Richtung Kilimandscharo unterwegs war.

Die Welternährungskonferenz sollte drei Tage dauern, und die Vorbereitung auf das Treffen, zu dem Vertreter aus aller Welt angeflogen kamen, hatte drei Jahre gedauert.

Erschreckende Zahlen waren aus der Business-Class zu mir gedrungen, »die 7,5 Milliarden schon am heutigen Tag und bis 2030 sollen es zehn Milliarden sein«. Dass etwas geschehen musste, war auch mir klar. Doch was? Sie taten so, als wüssten sie es. So standen sie neben mir am Förderband.

Bei den Geretteten war auch diese Deutsche aus der Reihe vor mir, die nun an diesem Förderband ihre professionelle Betroffenheit ganz abgestreift hatte und wieder einmal froh war, den Flug überlebt zu haben, und die mit einem Dänen scherzte.

Und ich sah die Tags »World Population Summit« und sah und hörte, wie sie sich aufgekratzt unterhielten. Da hatten sich zwei getroffen, die nun gleich draußen von einem eigenen Fahrer in einem gepanzerten Jeep, der jegliches Klimaziel verhöhnte, in Empfang genommen würden und auf der Fahrt von fünfzig Kilometern bis zu ihrem Tagungshotel kein einziges Mal zum Autofenster hinausschauen würden und schon wieder ganz professionell die Alten wären und, als sie ein erstes Mal den Kilimandscharo vom Autofenster aus hätten sehen können, lieber in ihren Papieren lasen. Solche Leute, die nicht zum Fenster hinausschauten, konnte ich nicht leiden, fast so wenig wie jene, die den Teller nicht leer aßen und das, was sie doch bestellt oder am Buffet mit den verseuchten Gabeln eigenhändig aufgetürmt und vielleicht auch fotografiert hatten, kommentarlos wegräumen ließen. Mehr fotografiert als das Essen wurde wahrscheinlich nichts.

Auch an diesem Förderband nahm ich – wie jedes Mal kurz nach der Landung – eine Stimmung wahr, als hätte sich hier die Schar der Geretteten versammelt; und als könnte ihnen vorerst bis zum nächsten Flug kein Leid geschehen. All die Experten und Bescheidwisser. Und dachten ans Bett wie ich auch. Unterwegs, über den Nil und Aksum hinweg, im Nachtflug, war es ja eher ungemütlich gewesen, und das Wort »Turbulenzen« gehörte ja auch zu jenen internationalen Wörtern wie Dingen wie Erscheinungen wie Zeitvertreiben wie Problemen wie Krisen wie Katastrophen.

Auch ich gehörte zu ihnen, da ich nun das erste Mal den Nil, welcher der längste Fluss dieser Welt war, entlangflog und nicht schlafen konnte, da ich nichts versäumen wollte. Er war so schön im Mondlicht, als müsste ich in seinem Schimmer gar nicht mehr träumen.

Der Nil, so hörte ich es, war seit dreißig Millionen Jahren in Richtung Norden geflossen, bis es nun aufgrund einer neuen wissenschaftlichen Erkenntnis nur noch drei Millionen Jahre waren. Und die Richtung sollte seit den neuesten Forschungsergebnissen der Westen sein, wo der Nil in ein Meer, den späteren Atlantik, mündete. Das, dieser neue Glaube, bereitete den Wissenschaftsgläubigen überhaupt kein Problem. Mir war der Westen, der Westsüdwest, als irdische Himmelsrichtung zwar immer lieber als der Norden, der Osten und der Süden zusammen, doch ich war nun auf der Gegenrichtung und sah ganz unten ein silbernes Band. Eine Zeitlang. Und dann Aksum und alles andere.

Von Greta Thunberg und ihrer Drohung an Trump, von ihrem in die Kameras gehaltenen Transparent, auf dem auch ich »Listen to the science!« würde lesen können, wusste ich noch nichts. Dass er aber, dieser unwürdige Greis, auf Greta hätte hören sollen, das wusste ich wohl.

Es war an jenem 6. auf den 7. Januar ein Vollmondflug, und ich werde nie vergessen, wie die Maschine über dem Hochland von Abessinien zwischen Nachtblauen und Morgenrot nach Addis Abeba hineinschwebte. Und wie kein anderer Satz möglich war als der von der Schönheit der Welt und meines Lebens. Und wenn schon nicht ich, so sollte es doch die Welt sein, die überlebte. Das war mein Herzenswunsch.

Der ökologische Fußabdruck der Weltklimakonferenz und aller anderen internationalen Konferenzen und Summits war jedoch verheerend.

Und auch meiner wäre es gewesen, wäre meine letzte

Reise nach Afrika zustande gekommen – es sollte, lachen Sie nicht!, zur Fußballweltmeisterschaft in Südafrika sein; dazu, als Hommage an Schlingensief, ein kleiner Stopover mit dem Bundespräsidenten im Staatsflugzeug mit Schlingensief und mir als persönlichen Gästen … Da hatte ich wieder einmal einen Anzug samt Hemden- und Krawattenvariation umsonst gekauft.

Mit all den schönen Reisen konnte es ganz schnell aus sein.

Vom ökologischen Fußabdruck sprach jedoch im Januar 2017 noch kein Mensch, und auch das Wort »Flugscham« hatte es noch nicht gegeben.

Auch in der Stadt mit dem schönen Namen Arusha fanden ja immer wieder Konferenzen statt; erst recht seit dem Ruanda-Tribunal, das gerade in Arusha geendet hatte und ausgegangen war – wie ein von Johann Peter Hebel her geschulter Leser gesagt hätte – »wie das Hornberger Schießen«.

Waren also diese Toten umsonst?

Immerhin hatte es in Verbindung mit dem Ruanda-Tribunal ein Förderprogramm für die Infrastruktur dieser Stadt gegeben, als zählten solche Beiprogramme als eine Art Damenprogramm; und seither gab es auch ein paar schöne Bordelle mehr.

Am Förderband standen auch solche Passagiere herum, die vermutlich an so etwas gedacht hatten. In meinen Bergen hieß das »Après-Ski«. Das der eigentliche Höhepunkt manches Ausflugs in die Berge war.

Freddy holte mich ab.

Auch ich hatte einen Fahrer, der mich, das war mein erster Eindruck, leicht überheblich musterte. Ich führte seinen Blick auf die Tatsache zurück, dass ich nicht safarigerecht ausgerüstet war. Vielleicht verdrehte er schon die Augen darüber, dass es mit so einem wie mir recht fad werden könnte, wie man in Wien sagte.

Nun gut, Freddy war dann die ganze Zeit sehr nett zu mir, auch wenn er mich nicht ernst nahm, schon gar nicht als Mann, das hatte ich während stundenlanger Fahrten und Gespräche herausgefunden. Angefangen hatte es mit meiner Antwort auf seine Frage, wie viele Kinder ich hätte. Und dann musste ich eben sagen: keine. Ich war für ihn also einer von jenen, die seit Sara nicht ganz auf der Welt waren. Immerhin konnte ich mit einer Frau, ja mehreren ankommen, die in meinem Leben eine Rolle gespielt hatten, und dabei meinte ich nicht einmal die erste, meine Mutter. Er nannte dann von sich eine Zahl, die mir schon eher eine Summe schien.

Und wir fuhren los. Es war ein olivgrünes Safarifahrzeug, mit dem ich die kommenden Tage mit Freddy als Chauffeur unterwegs sein sollte. Wahrscheinlich waren die National Parks und ihre Lodges dem Verteidigungsministerium unterstellt.

Auf dem für mich entworfenen Programm hatte ich schon die Namen von drei Lodges gelesen, die Arusha Lodge, die African View Lodge und die Kambi ya Tembo Lodge.

Die letzte, die Kilimandscharo View Lodge, fand ich dann selbst. Was nicht ganz einfach gewesen war. Und bezahlte sie dann auch selbst. Sie lag in dem Ort Machame, der in preußischen Zeiten noch »Madschame« geheißen hatte, mit der großen Evangelischen Station der Leipziger Mission, auf der Fritz Lang die schönsten drei Monate seines Lebens verbrachte, hätte ihn einer danach gefragt. Ich hätte ihn fragen müssen.

Draußen, wo im VIP-Bereich des Flughafens die Limousinen standen, konnte ich noch sehen, wie meine zwei Delegationsteilnehmer in ihre Fahrzeuge stiegen und wie er sagte: Bis heute Abend im Hotel! Ich würde sie nicht wiedersehen, weder die eine noch den anderen, ich konnte mir denken, wie diese Geschichte am Ende eines langen Tages endete; und so viel wusste ich, wie sie die Flamboyantes entlang in Richtung Arusha verschwanden, dass es das letzte Mal war, dass ich sie sah. Denn wie ich schon vom Flugzeug her wusste, waren sie nur für zwei Tage in Arusha auf der Welternährungskonferenz und flögen dann zur nächsten, das wäre dann bei der FAO in Rom, wo sie Bericht erstatten sollten. Ich flöge immerhin erst am siebten Tag zurück.

Auch mein erstes Tagesziel war Arusha, die Lodge, die der sogenannte Veranstalter – »Ich reise nur mit Iwanowski!«, so haben sie später mit mir geworben – für mich ausgewählt hatte. Viel Arbeit hatten sie mit mir, denn es gab ja Wünsche meinerseits, zu denen weniger Safaris gehörten als das Herausfinden von Möglichkeiten für den Raucher; auch die schönsten Ausblicke auf diesen Berg für mich herauszufinden und vor allem die Stelle zu finden, von der aus mein Maler, der hieß wie der Hollywoodfilmer, sein Bild gemacht hatte, das er vielleicht am Ende seines Lebens vergessen hatte. Für mich jedoch war es der Grund meiner Reise gewesen. Und vielleicht auch noch die Momellafarm sowie das eine oder andere schöne Tier in freier Wildbahn, wie fotografiert von Wolfgang Veeser. (Sie sollten sich ruhig einmal seine Safaribilder mit den von Löwenmüttern abgefressenen Zebrakindern anschauen, dachte ich schon im Voraus an ein imaginäres Publikum gewandt.) Und ich würde dem Leben samt seiner Natur so nahe kommen, dass selbst ich als Leckerbissen einer hungrigen Löwin erwogen wurde. Sie haben sehr schöne Lodges für mich herausgefunden, doch sowohl bei der Momellafarm wie auch beim Auffinden jener Stelle versagten sie. Ich fände sie dann selbst.

Mein Reiseziel hatte ich frei wählen können. Es musste für die Reisebeilage aber ein Sehnsuchtsziel sein, meine Reise. Da hätte ich auch an erster Stelle meine Graf-Ludwig-Hütte nennen müssen, im Wald von Schwackenreute, keine fünf Kilometer von meinem gewöhnlichen Schlafzimmer entfernt. Oder ich hätte Sallahn unweit der Elbe, wie sie auf Hamburg zufließt, nennen müssen, meinen Garten an einem Sommertag.

Aber dann war es der Kilimandscharo.

Auf dem Weg von Kilimandscharo International nach Arusha.

All meine Straßen. Und Freddy: Wie beschreiben?

Mein Fahrer hieß also Freddy. Er glaubte, es geschafft zu haben.

Es war alles ganz wie zu Hause, selbst die Vorurteile der

Menschen aus der Stadt: Freddy, der aus der Stadt kam, war mit den Augen eines Kolonialbeamten unterwegs. Auf jener Schnellstraße, an deren Rändern ich Menschen und Tiere entlanggehen sah …

Sie war schon geteert … Es war der alte Makadam. Und nun wurde sie vierspurig ausgebaut, früher sagte man zu so etwas Autobahn. Und ich sah die Männer mit ihren Schaufeln, und alles war ganz wie zu Hause, nur ein halbes Jahrhundert später.

Da dachte ich, was dachte ich da?

Die Schienen für die Züge waren von den Kolonialherren – die sich damals aber nicht so nannten, sondern Schutzmächte – parallel zur Straße gelegt worden. Und der Mensch, den es per Geburt dahin, an den Fuß des Kilimandscharo verschlagen hatte, musste nun dankbar sein, dass er an die Zivilisation angeschlossen wurde, und zum Dank für die Befreiung aus Unwissenheit und Schmutz musste er arbeiten. Die Arbeiter an der neuen Autobahn waren immer noch so schwarz, dass man den Makadamstaub kaum sah auf der Haut, und auch nachts war der an der Straße entlanggehende Mensch für den Fahrer kaum zu erkennen, so dass es immer wieder Tote gab. Wie zu Hause das Wild. Und es waren ja auch die entsprechenden Verkehrsschilder angebracht mit ihren Menschen- und Kuhzeichen, ganz wie zu Hause.

Die Menschen, die ich da arbeiten sah, waren Urenkel oder mehr. Es war am 7. Januar 2017. Weiße waren schon damals nicht darunter, oder nur als Aufseher, wie beim Beladen des Baccardi-Schiffs.

Und mir fiel nun der erste Schwarze meines Lebens ein,

von dem sie mir erzählten, an den ich mich aber nicht erinnern konnte, denn ich war drei Jahre alt, und an unserer niemals geschlossenen Haustür stand ein Mohr, wie ich ihn aus unserer schönen Weihnachtskrippe kannte, und lächelte wohl, so dass ich nicht zu sehr erschrak, aber doch so, dass ich von ihm weggelaufen sein muss zu den Leuten in der Stube, und die sagten mir dann, ich hätte: »Da draußen steht ein Mohr« gesagt.

Ich. Er. A.

Kolonialisiert wie die Afrikaner, nur mit dem Unterschied, dass wir es nicht merkten, und dass wir gesagt bekamen, das sei nun der Fortschritt, dass wir angeschlossen seien und zugeteert. Und dass wir nun eine schnellere Verbindung zur Welt hätten.

Das Wort »Fortschritt« war in der Zwischenzeit etwas in Verruf geraten, doch die Welt sah nicht danach aus, als hätten seine Betreiber vom 19. Jahrhundert an nicht recht behalten. Der Fortschritt kam nun mit anderen Vokabeln daher.

Was früher Fortschritt hieß, nannte sich nun Globalisierung.

Aber die Welt schien mir trotzdem weniger geworden.

Den Geruch des Makadams hatte ich noch in mir.

Ich. Noch in einer Zeit aufgewachsen, da gab es noch Illustrierte, die Bertullischuhe für Zwergenwüchsige anboten, den Schwimmkerl für Nichtschwimmer, die es auch noch gab, und gegen »Erröten, Hemmungen, Sprechangst« eine Hilfe wussten. In den Illustrierten von einst, in der Praline und in der Quick mit ihren Kleinanzeigen, konnte man auch noch Schrumpfköpfe bestellen, welche dann Lore, unsere wunderbare Postbotin, per Nachnahme in unser altes Haus gebracht hätte.

»Altes Haus« war nun auch der schönste Name für mich, beim Wiedersehen mit einem Freund, Johannes etwa, dessen Buch »Im Herzen von Afrika« auch noch ungelesen in meinem Rimowakoffer lag. Sein Großonkel hatte es geschrieben. Georg Schweinfurth, »der Letzte aus der Schule Humboldts«, wie ich in »Siebzig verweht«, Band I, gelesen hatte. Das habe ich auch noch zu sagen vergessen: Ich wollte nicht nur die Kilimandscharostelle finden und vielleicht auch die Momellafarm. Da hatte ich mich vielleicht einmal übernommen und wieder einmal zu viele Versprechungen gemacht: am meisten mir selbst … Ich sollte auch noch nach seinen Pygmäen Ausschau halten und zumindest den Pan Schweinfurthii finden und ob es ihn noch gab herausfinden und meinem Freund dann ein Foto schicken von dem nach seinem Onkel benannten ostafrikanischen Schimpansen. Einer von ihnen zeigte sich gleich, als wollte er mich begrüßen, oder es war nur eine natürliche Neugier, die auch mich nicht ausschloss, und ich konnte nicht sagen, ob es sich um einen Mann oder eine Frau handelte.

Als wäre ich ein Stadtmensch, der aufs Land gekommen ist und eine Kuh von einem Bullen nicht unterscheiden kann.

Ach Lore! Altes Haus! Wie sie auch sämtliche Briefe von einst ins Haus brachte!

All die blauen Luftpostbriefe von meinem Onkel vom Fuße der Anden, ja, die hatte es auch gegeben. Und meine

Sehnsucht, die unter freiem Himmel in ein paar Jahren ins Unendliche gewachsen war, gab keine Ruhe, bis ich eines Tages zu meiner ersten Weltreise aufbrach. Sie führte an den Fuß der südlichen Anden, an einen Ort an der chilenischen Grenze, der Rio Pico hieß, über dessen Namen man auf der anderen Seite lachte, da er auf gut Deutsch »Schwanzfluss« hieß. Das war gerade vierzig Jahre her. Und seither waren wir zwei viel herumgekommen.

Und nun war ich da. Angekommen in der ersten Lodge.

Ich brauchte kein Radio am Morgen, mir genügte der Regen, den ich auf das Dach fallen hörte, unter dem ich saß. Das war schön.

So saß ich auf der Veranda meiner Hütte, die Mount Meru hieß. Die Hütten standen in einem Rund, ein afrikanischer Rundling, als hätten sie es aus dem Wendland hierhergeschafft.

Seltsam: Ich war noch nie in einer Lodge gewesen und schon gar nicht in einer afrikanischen, und ich reiste zudem nicht tropengerecht und schon gar nicht so, wie ein Kilimandscharobezwinger unterwegs war, ein echter und rechter. Das dachte ich als umerzogener Lınkshander. In einem hilflosen Groll gegen die Mehrheit, als deren Dissident ich mich empfand, wenn ich an all die Alphatiere, Kampfgeister, Mountainbiker, Gesundheitsfanatiker, militanten Nichtraucher und Experten und ihre Mitläufer dachte, auf die ich bald stoßen sollte. Nun gut: Der Koffer samt Eiswettenzubehör stand noch unausgepackt in einer schönen Ecke meines Pavillons der Arusha Safari Lodge.

Das Bett stand in Richtung Norden, ein Kingsize-Bett,

viel zu groß für mich. Mittlerweile waren die meisten Betten zu groß für mich.

Es hätte noch Platz gegeben. Doch ich reiste allein.

Und dass ich eine schöne Bekanntschaft machen könnte, daran dachte ich in diesem Augenblick nicht, ich, der sich immer noch »ich« sagen musste und durfte.

Ich saß auf meiner ersten Veranda mit Kilimandscharoblick am Rande dieser Stadt und schaute hinaus in Richtung Kilimandscharo und rauchte aus Dankbarkeit, dass ich diesen Flug überstanden hatte, meine erste Zigarre ... im Don-Quichotte-Format, als gäbe es diese Zigarrengröße.

Es waren zwei Koffer der Firma Rimowa, und ich hatte Glück, sie noch bekommen zu haben, denn zu Hause in Berlin im KaDeWe wurden inzwischen alle weggekauft von den Chinesen, für die ein solcher Koffer so billig war, dass sie immer gleich zwei kauften und ihre alten in ihrem Hotel zurückließen statt eines Trinkgeldes, so dass die ohnehin armen Zimmermädchen durch die chinesischen Gäste noch eine zusätzliche Arbeit hatten und die Hotels noch ein Entsorgungsproblem, dachte ich ... und in meinem Gepäck hatte ich alter Trottel – das schien mittlerweile zu stimmen – ja außerdem ein Paar Lackschuhe sowie einen Smoking, denn ich würde es nicht mehr schaffen, vor Bremen noch einmal nach Hause zu fahren. Das würde ich mir die kommenden Tage immer wieder sagen müssen.

Den Smoking samt Lackschuhen, Smokinghemd und entsprechender Fliege hatte ich im Factory Outlet von

Wolfsburg bekommen … für das eigentliche Ziel meiner Reise. Lachen Sie nicht: Die Final Destination meiner Reise war Bremen, und auf dem Weg nach Bremen via Kilimandscharo und Afrika käme ich nicht mehr nach Hause.

Und so kam es, dass ich, angekommen auf Kilimandscharo International, solche Dinge im Gepäck hatte, die zur Kilimandscharo-Besteigung gar nicht nötig waren und schon gar nicht verzeichnet als Equipment-Must in den Guides.

Es war der erste Smoking meines Lebens, und ich dachte mir: Mein Lieber, es wird so langsam Zeit … Meine erste Fliege hatte ich aber schon seit dem Weißen Sonntag, auch Lackschuhe. Und was dem Kind gefiel, machte meinen ersten Menschen vielleicht schon Sorgen.

Eigentlich war ich auf dem Weg nach Bremen, der Kilimandscharo war nur ein Umweg, und ich hatte auch gar nicht vor, diesen Berg zu besteigen: Ihn zu sehen genügte mir. Meine Augen genügten mir fast immer. Dachte ich. Dafür genügten sechs Tage schon, dachte ich mir.

Meine Reise zum Kilimandscharo fiel in eine Zeit der großen Flucht.

Und manche endete im Mare Nostrum. Sie schafften es also nicht dahin, von wo aus die Waffen geliefert worden waren, die sie in die Flucht getrieben hatten. Und ich hoffte inständig, dass meine Reisefreude nicht getrübt würde vor Ort, wo man mir dann sagte, auch am Fuß des Kilimandscharo gebe es Menschen, die nicht nur von da träumten, wo ich herkam, sondern auch schon erste Schritte unternahmen, ihrem Schicksal zu entfliehen, und zwar dahin, wo ich herkam. Manche schafften es. Und es stellte sich heraus, dass Traum und Albtraum ein Wort sein konnten.

Und als ich dann auf der Terrasse der AFRICAN VIEW LODGE stand und auf der anderen Seite dies alles sah, konnte ich es nicht fassen, dass es von hier aus war, dass sie sich durch Wüste und übers Meer aufmachten – da geht man doch nicht fort.

Es war wie immer, der Darwinismus galt auch hier: Nicht alle schafften es … Ich gehörte zu denen, die es schafften, die es offensichtlich geschafft hatten, und mir graute vor mir.

Ach, die Natur!

Spätestens seitdem ich im schönen Alter von fünf Jahren gesehen hatte, wie Horst vor meinen Augen den Schwanz von Mohrle, jener schwarzen Katze, die aber an etwas anderem starb … mit einem seiner Mutter gestohlenen Küchenmesser …

Und allerspätestens, wie ich einst in Guinea-Bissau jene Horde gesehen hatte, die auf ein einzelnes Tier, das aus einem Haus herausgetrieben, losgegangen war in einer Mordlust ohnegleichen, und wie dann der geschickteste von ihnen mit einem gezielten Schlag auf den Hinterkopf dieses Lebewesen erst ins Jenseits befördert hatte und dann in seinen Kochtopf.

Schon in manchem Tierfilm war ich ja darauf gestoßen, dass die sogenannte Natur für mich kein reines Objekt der Bewunderung mehr sein konnte.

Ich hatte Tierfilme gesehen, die »Paradiese der Erde« hießen, und dachte nun auch beim Jubiläum des Zusammenbruchs der Lehman-Bank an die Vertreibung der Banker aus ihrer Zentrale, wie sie ihre Kisten packten 2008, wohl auch nur zum Schein, denn längst waren sie wieder zurück, die Hauptprofiteure des Untergangs, und ich dachte schon wieder an meinen bewährten Satz: »Der Himmel des Killerwals ist die Hölle der Ölsardinen.«

Und was früher Imperialismus hieß, war nun wohl Globalisierung, die früher sicher einmal, im zukunftsseligen 19. Jahrhundert, »Fortschritt« genannt worden war, bis zum Tag, da das Wort »Globalisierung« das Wort »Fortschritt« ersetzte; nach wie vor sprach gerade der verantwortungslose Mensch von Verantwortung. Und dachte an seine Aktien.

Aber ich war vielleicht nicht mehr als ein dummer Mensch, der Mitleid mit den Ölsardinen hatte. Denn die Erde war, so schien mir, auf einmal wieder der Himmel des Killerwals und die Hölle der Ölsardinen, die nur in sein offenes Maul hineinschwimmen mussten, und sonst nichts.

Ich wollte mich aber nicht mit dem schönen Wort »Natur« abfinden. Ich hatte gar nichts Reinhold-Messner-Artiges. Hatte nichts von jenen, die mit einem Sprung von einem Bungee-Turm den Sinn ihres Lebens herausfinden wollten. Und schon gar nichts hatte ich von jenem Österreicher und Tiroler, dessen Name mir nun nicht einfiel, der als erster Mensch im freien Fall aus einer irrsinnigen Höhe überlebt hatte, ohne jede Selbstmordabsicht, ganz vom Number-One-Syndrom infiziert und ausstaffiert mit dem Killer- oder Kampfgeistigen. Der Erstbesteiger des Kilimandscharo war auch ein Tiroler.

Auch beim Lesen des wunderschön geschriebenen Buches von Fabre über die Schwarze Spinne war ich immer mehr von der Natur und den Wissenschaftlern abgerückt, die etwas bewunderten, nur weil es geschehen war, und wie es funktionierte: ob nun als Historiker oder Biologen. Solche Leser mochte ich auch nicht, die immer nur wissen wollten, wer der Mörder war und wie der es am Ende doch nicht geschafft hatte, sein Verbrechen, an dem sich ihre Sehlust weidete, zu vertuschen.

Und weil ich nun in Afrika war und für die kommenden Tage die große Safari auf dem Programm stand, kam auch wieder jener Safarifilm – sagte man noch: mir in den Sinn?

Warum mussten diese Naturfilmer eigentlich ihre Filme mit einer furchtbaren, bombastischen Musik aus dem Synthesizer untermalen, als wäre es nicht genug gewesen mitanzusehen, wie der Lachs im Maul des Grizzlys verschwand und wie die süßesten Katzen, hatten sie dazu Gelegenheit wie bei Inge, mit einer noch nicht ganz toten Maus spielten, und als ihr Werk schließlich doch vollendet war, auf die Türschwelle von Inge legten, die sich darüber gar nicht genug begeistern konnte?

Eigentlich wollte ich nun gar nicht mehr auf Safari, die für den kommenden Tag auf meinem Programm stand; und auch nicht mit eigenen Augen dann sehen, was ich schon aus den Filmen kannte, wie die Löwin das Zebra fast schon abgefressen hatte.

Schon als Kind suchte ich bald meine Zuflucht weg von

der Natur. Ich wollte auch nicht den Killerwal retten, der nur sein Maul aufmachen musste, und Tausende von kleineren Fischen schwammen stromweise in ihn hinein; und schon gar nicht, solange ich von anderen Lebewesen auf der Welt wusste, die täglich verhungerten –, sagen Sie jetzt nicht, ich sei so verlogen wie alle Fleischfresser, welche die Welt retten wollen. Und ehrlich gesagt: Mir machte es nichts, wenn es ihn, den Killerwal, nicht mehr gäbe, so wenig wie dieses oder jenes Krokodil, und mir taten alle Lebewesen dieser Welt leid, in die hineingebissen wurde von all den Fleischfressern, und vielleicht waren nun auch noch ein wenig Selbstmitleid und Selbsthass dabei. All die Fleischfresser, die Opfer und Täter zugleich waren, die darauf ein Recht zu haben glaubten von all den Bibeln und Koranen an, in denen sie sich ihr rechtes Leben zusammensuchten! Da stand ich auch allein selbst gegen das Neue Testament, wo Esel und Schweine und selbst Osterlämmer zu etwas dienten. Das Buch der Bücher war leider in diesem Fall nicht vollkommen. Die Vegetarier waren von den Fleischfressern bald ausgerottet. Doch nicht ganz: Es gab immer noch Orden, die ohne Fleisch lebten. Von allen Tieren waren mir die Kühe am liebsten. Die allerdings zur verheerenden Ökobilanz auf ihre Weise entscheidend beitrugen, so hatte ich es mir von der Wissenschaft sagen lassen müssen. Und das Klima retten wollte ich auch. Dass es jemals Menschenfresser, welche das Kind, das ich war, schrecken konnten, gegeben haben sollte, war von der Wissenschaft mittlerweile verworfen. Das Wort »Menschenfresser« war als Unwort zu Recht aus dem Verkehr gezogen, dachte ich. So kam wieder einmal eines zum anderen in meinem linkshändig verdrehten Kopf.

Doch wer war ich, um einen solchen Weltrettungsplan zu fassen. Zurück zur Natur!

Natur! Mich schreckte schon die Bewunderung von Menschen für etwas, nur weil es das gab; und es gab Menschen, die sich an Tierfilmen und Hinrichtungen im Justice-Channel gar nicht sattsehen konnten, und die sich an diesem und jenem schauderhaften Kriminalfall lesend ergötzen konnten. Ach, ich wollte denen, die auf meine Sätze warteten, meine Reise mit derlei nicht verderben, wollte ihnen zuliebe etwas Schönes schreiben, so dass es sich ins Glücks- und Sehnsuchtsprogramm der Menschen fügte, die über meine Sätze auch zum Kilimandscharo gelockt werden sollten.

Etwas Schönes. Für sie.

Die auf meine Sätze warteten: Das waren zuerst meine Auftraggeber des Hochglanzmagazins, das aber auf recyceltem Papier mit positivem ökologischen Fußabdruck erschien. Doch statt meiner Anstiftung zu einer Weltreise bekamen sie nur meine Fluchtversuche in Satzform geliefert.

Etwas so Leichtes wie Cooles, etwas so Engagiertes wie unterhaltsam Positives, etwas so distanziert Objektives wie zeitvertreibend Aufbauendes zu schreiben, hatte ich mir zwar fest vorgenommen, doch schon vor meiner ersten Safari war ich bei meinen ersten Vogelscheuchensätzen angekommen.

Statt coolen Sätzen der Bewunderung für alles, nur weil es das gab, und für das, was vom World Wildlife Fund und vom UNESCO-Weltnaturerbe vor dem Verschwinden ausgenommen werden sollte, bekamen sie Vogelscheuchensätze. Rettungsprogramme für den Killerwal und für die vom Aussterben bedrohte endemische Variante der Königsmörderin waren aufgelegt, und ich sagte mir: schön. Aber solange es vor Ort Menschen gibt, die nicht genug zum Fressen haben und von da zu uns fliehen?

Also bekamen sie Sätze wie diesen: »Mir macht es nichts, wenn dieses Monster sein Maul nicht mehr öffnet«, hörte ich nun Inge sagen, Inge, die jetzt auch noch in meinem Kopf aufkreuzte. »Und auch nicht all die weißen Haie und Krokodile, die auf ihr Futter warten, manchmal ist es auch Menschenbein, Menschenkopf, Menschenherz auf der Gourmetkarte manchen Lebewesens.«

Aber dass ihre liebe Katze im Prinzip nach demselben Muster lebte, schien sie nicht zu stören. Sie verbrachte Jahr um Jahr anhand ihres Katzenkalenders, und ihre Lieblingskrimis waren solche, wo eine Katze eine Hauptrolle spielte.

Und jetzt, auf dieser Aussichtsveranda, dachte ich wieder an jenen Jesuiten, den mein Onkel auf dem Weg von Bremerhaven nach Buenos Aires auf dem Schiff getroffen hatte mit seiner »Rechtfertigung des Haifischs«; und dass der Mensch ein Landtier sei, das nichts im Wasser verloren habe und so fort. Auch die Jesuiten hatten sich schon über die Ungereimtheiten des Lebens so ihre Gedanken gemacht, und wie sie Gott und den Menschen retten könnten vor den Gesetzen der Natur und beim Verlauf der Menschheitsgeschichte!

Ich war zu meinem Onkel geflogen und dann noch bis

Esquel, und dann holte mich meine Cousine Erica ab am Flughafen, es war ein unglaubliches Wiedersehen. Nach all den Fotos und Briefen und Geschichten, die samt und sonders übers Meer gingen, von der Nordsee bis zum Südatlantik, sahen wir uns zum ersten Mal. Und die Fahrt wäre auch gleich an einem jener Betonbrückensockel zwischen Esquel und Gobernador Costa zu Ende gewesen. Auch für mich, der das Ziel seiner Reise noch gar nicht erreicht hatte. Ich wusste nicht, ob sie noch lebte, wäre jetzt vielleicht schon achtzig gewesen? – Jetzt musst du nur noch den Spagat von Rio Pico und Miami, Onkel und Hemingway und Liebhaber schaffen!

Was war das Leben anderes als leben? Und was war ein Berg anderes als ein Berg? Mir kamen die Berge in den Sinn, die ich mittlerweile schon gesehen hatte:

Fuji und Cotopaxi, Bussen und Säntis, Hohenkarpfen, Ätna und Pico de Teide, Popocatépetl und Mittagsspitze, Ararat und Zimba.

Der Kilimandscharo war mein Traumblick von unserem großen Stubentisch aus, zum Kibo hin, wie der eigentliche Gipfel des Kilimandscharo hieß, und zeigte mir etwas, wie es Fritz Lang 1929 gesehen hatte. Meine Erinnerungen lebten von meinen Wiederholungen und Melodien und Ohrwürmern.

Und ich wünschte nun, dieser Maler könnte es vom Paradies aus sehen, wie ich mit eigenen Augen (das Wort *eigenäugig* gab es ja nicht) bald vor seinem Berg und Bild säße. Vielleicht sang er auch im Himmel von seinem Heimweh nach dem Kilimandscharo. Der Schnee auf dem

Kilimandscharo mochte weniger geworden sein, aber das war Fritz Lang nicht anzulasten.

Im Unterschied zu den Reisenden von heute, die für zwei Tage zu einer UNO-Klimakonferenz nach Nairobi flogen mit einem entsprechenden Kollateralschaden für das Klima oder für eine Woche in eine All-inclusive-Anlage nach Sansibar, wo es auch schön war.

Oder für sechs Tage zum Kilimandscharo. So wie ich.

Mit solchen Sätzen hatte ich mich zum Kilimandscharo aufgemacht.

Und jetzt saß ich hier, von Angesicht zu Angesicht.

Ich hatte mich aufgemacht, das war aber auch doppeldeutig. Einerseits offen, mit geöffneten Augen; andererseits mit meinen eigenen Beinen unterwegs, wenn auch nicht ganz auf eigenen Beinen.

Der Mensch war ja kein Baum, sondern ein Mensch, der Vater und Mutter hatte und Beine statt Wurzeln, mit denen er sich eines Tages auf den Weg machte, vielleicht in der Hoffnung, eines Tages irgendwo anzukommen. Und wäre es der Kilimandscharo gewesen.

Da war ich nun.

Auch ich hatte keine Wurzeln, sondern Vater und Mutter, Arme und Beine, mit denen ich mich einst in die Welt aufgemacht hatte, in der ich immer noch nicht angekommen war, musste ich mir sagen, und das nicht zum ersten Mal!

Und nun »sursum corda!«

Auf zum Kilimandscharo! Der auch nur eine Erhebung war auf dieser Welt.

Wenn auch eine so schönnamige Erscheinung wie dieser Berg, der nun Kilimandscharo hieß und eine preußisch-deutsche, kurzlebige Zeitlang »Kaiser-Wilhelm-Spitze«.

Was war der Mensch anderes als ein Mensch und eine Wurzel anderes als eine Wurzel? Wie auch immer: Auch Wurzeln wuchsen ein Stück weit unterirdisch zum Himmel hin, und ein Stück weit von ihm weg; und auch ein Berg lag Lichtjahre entfernt von jenem Himmel, den Gagarin und John Lennon mit dem Himmel verwechselten, nach dem aber das Verlangen des Menschen ging, der mehr als ein durchgeschleuster Verbraucher des Lebens war, ist und sein würde, sorry, dachte ich, ich ich, und kam schon beim Denken ins Stottern, ich hatte und habe keine Wurzeln, sondern Beine und einen Kopf und Augen, und was ich auf der anderen Seite meiner Augen sehen konnte, war die Welt und ihre Katzen.

»Katzen gehören zur Klasse der Raubtiere«, las ich.

Der Mensch ist auf dem Weg, der Baum wächst von unten nach oben, in die Himmelsrichtung. Das ist auch etwas. Etwas Schönes. Der Mensch ist kein Baum, sondern ein Mensch, er hat auch keine Wurzeln. Er ist aber wie ein Baum, das wusste ich aus der Bibel.

Und nun war ich in Zeiten der Klimakatastrophe irgendwo zwischen Urknall und Schwarzem Loch am Fuße des Kilimandscharo, so dichtete ich auf meiner Aussichtsveranda weiter. Denn ich war einer, der immer noch »ich« sagte.

Jahrelang hatte ich mir in meiner kalten Welt nichts Schöneres vorstellen können als dies: dass es etwas wärmer würde und dass mir am Ende Palmen in meinen Himmel wüchsen. Und nun wurde mir gesagt, dass mein Traum eine Katastrophe wäre. Das sagen Sie mal einem Kind!

Der vernünftige Mensch, der ich sein wollte, gab sich bald geschlagen, sah ein, dass er seinen Traum, nie mehr zu frieren, begraben müsste, und dass er zu einem Albtraum umgeschlagen war.

Der Kilimandscharo mit seinen fast sechstausend Metern war die höchste Erhebung auf der Erde, unweit des Äquators, die einfach so erschien, ohne dazugehörende Alpen oder Anden. Mit seinem Schnee und seiner Geschichte auf der anderen Seite meiner Augen.

Dieser Berg verdankte seinen Sehnsuchtsrang gewiss auch diesem Namen: Kilimandscharo. Was, wenn er Erzkasten geheißen hätte oder Schneekoppe, Knüll oder: die Höll? Oder immer noch, wie einst: Kaiser-Wilhelm-Spitze, als in preußisch-kolonialen Zeiten der Kilimandscharo als höchster Berg Deutschlands galt?

Der Zauber eines einzigen Wortes und Namens lockte auch mich: Kilimandscharo. »Das Paradies ruft«, las ich im Internet am Tag, als ich zum Kilimandscharo aufbrach. Ich lebte ja längst jenseits von Eden. Und hatte doch noch eine Ahnung von da und eine Sehnsucht dahin.

Und abermals: Die Vorstellung, dass der Mensch wie ein Baum sein sollte und Wurzeln hatte, kam mir nun, im Transitbereich, wie ein Hohn vor, ebenso der 81. Spruch von Laotse, der machte mich eher wütend: dass man da bleiben sollte, wo man war, und nicht einmal daran denken sollte, zu den Hähnen hinübergehen zu wollen, die man auf der anderen Seite des Flusses krähen hören konnte.

Für mich gehörte es immer zum Herzzerreißendsten meines Lebens, die jungen Hähne zu hören, wie sie für das Leben übten, und ich wusste ja genau, wie dies endete, im Suppentopf oder süßsauer auf einem der Tische dieser Welt, und dann durch das Suppenloch, wie mein Freund Johannes Kuhn sagte, in einem der Mägen dieser Welt kurz zwischengelagert, und so fort, als wüsste ich alles und wäre allwissend.

Gib ihnen die Ewige Ruhe!, betete ich.

Als wäre der Mensch, also auch irgendwie ich, der Gott der Hähne, allwissend und allmächtig, und außerdem war ich irgendwann auf das Wort »Natur« gestoßen, wo der Himmel des Killerwals die Hölle der Ölsardinen war, wie ich aus den Naturfilmen wusste: »Paradiese der Erde«, und ich sah, wie im schönsten Unterwasserlicht ein Schwarm von Ölsardinen in den Killerwal hineinschwamm, ja, er musste nicht viel mehr als sein Maul öffnen. Ja, die Natur …

Und nun war ich da. Wohin ich …

An einem Ort, der zu den Paradiesen der Erde gerechnet wurde.

Das Wort »Paradies« kam aus dem Altiranischen und so via Babylon und die »Babylonische Gefangenschaft« (von 585 bis 535 vor Chr.) nach Jerusalem. Und in der Heiligen Stadt Jerusalem kamen das Paradies und Eden ins zweite Kapitel der Bibel. Landete im Tempelarchiv, das Paradies, aus dem alten Iran über Babylon nach Jerusalem. »An den Flüssen von Babel saßen wir und weinten.«

In den Gegenden von Euphrat und Tigris und Assur im Norden des heutigen Irak, die schon im ersten Buch, das Genesis oder 1. Buch Moses hieß, und auch im zweiten Kapitel, genannt waren, hatte gerade der IS gewütet, und die Menschen waren von da geflohen, wo zum ersten Mal das Wort »Eden« erschien auf der Welt. Sollte ich »zu uns« sagen?

Von dort, wo sie flohen vor jenen Waffen, die »von uns« dorthin geliefert wurden, dachte ich dummer Mensch, nicht alle schafften es auf diesem Weg. Und an Weihnachten wurde dann »Stille Nacht« gesungen, weh dir, Fischbach am Bodensee!

Das alles war mir schon zum UN-Tag der Gewaltlosigkeit eingefallen, und jetzt wieder.

Und auch, dass im vergangenen Jahr Waffen in einem Volumen von 1,7 Billionen Dollar in alle Welt geliefert wurden, dachte ich. War das einem dummen Menschen und Moralisten geschuldet, der die Unübersichtlichkeit und Komplexität der Welt nicht mehr verstand? Und sich in sein Tagebuch, und in ein kleines Gedicht, flüchtete?

In Arusha
Ich sah einen Aschenbecher,
auf dem »Jerusalem« stand, und
hörte einen Blinden, der
»wir werden sehen« sagte.

Ich weiß es nicht ... Das war der Satz, der eigentlich nicht vorkommen durfte bei einem, der an die Öffentlichkeit ging. Ich weiß es nicht, der Satz wird ja auch bei denen, die den Durchblick haben, den Experten, niemals vorkommen. Das dachte ich mir nicht nur, das wusste ich sogar. Die Experten aber saßen in den über alles entscheidenden Talkshows herum oder wussten schon im ersten Deutschlandfunkinterview kurz nach sechs Uhr morgens, wo's langgeht, oftmals aus Brüssel: durchgesessene S-Klasse.

»Das ist mein bleibender Eindruck.« Musste ich mir sagen und denken.

Und noch am Schlachttag habt ihr euch gemästet. Dieser Vers aus dem Jakobusbrief fiel mir auch noch ein dazu.

Und »durchgesessene S-Klasse aus Brüssel«, wie Jörg sagte, wenn er diese Talkshow-Existenzen erblickte.

Mein Motto des Tages aber war: ... aber vielleicht haben auch alle Angst.

Nicht nur jene, die sagen, sie hätten keine Angst.

All die Alphatiere und Kampfgeister, dachte ich. Angekommen in der ersten Lodge, wo auch noch einige der Trekking-Vollidioten sich letzte Tipps gaben am Abend, »bevor's losgeht«, wie ich, etwas abseits, sie sagen hörte. Wie einst, am Vorabend der Schlacht. Schon im Flugzeug hatte ich neben einem solchen gesessen, zum Glück nur zwischen Addis Abeba und Kilimandscharo International.

Sie waren leicht zu erkennen, an ihrer Entschlossenheit und ihrem Durchblick. So nahmen auch die Krieger, die Eroberer oder auch nur Abenteurer und Hasardeure vergangener Zeiten die Welt in den Blick, dachte ich, das war im Trekkingzentrum der Kilimandscharobezwinger, unweit von Kilimandscharo International, wie der Flughafen nun hieß, auch für Touristen wie mich, die nur sechs Tage blieben.

Am folgenden Tag sollte es auch für mich losgehen. Eines dieser Hauptwörter war »start«, das für mich vom Hundertmeterlauf im Jahnstadion an eine Art Weglauf- und Wegfahrsperre war.

ZWEITER TAG

Mein zweiter Tag. Mein erster Morgen. In Arusha. Es war ein Sonntag.

Wie war eigentlich die Nacht gewesen? Noch so eine Frage, die ich zu Hause oftmals hörte, und die ich mir als Frage an mich meist lieber erspart hätte.

Seltsam, aber in Afrika fragte man nicht danach. Und dann schien mir das überhaupt nicht mehr seltsam, sondern eine Peinlichkeit weniger.

Ich hatte gut geschlafen, das heißt, ich hatte all meine Träume vergessen.

Schon am zweiten Tag wurde ich von meinem Chauffeur ungefragt auf Stadttour genommen, wahrscheinlich musste er die Arusha-Sightseeing-Liste abarbeiten, die ihm zusammen mit mir übergeben worden war, für die noch verbleibenden fünf Tage.

Ich, der ja bis dahin so gut wie nichts gewusst hatte, der nichts wusste von dieser Stadt, nicht viel mehr als ihren für mich wohlklingenden, verheißungsvollen Namen, war dankbar für diese Liste. Doch weil Sonntag war und weder meine Auftraggeber noch mein sogenannter Reiseveranstalter wussten, um was für einen es sich bei mir handelte, konnten sie nicht wissen, dass der Sonntag für mich immer noch ein besonderer Tag war und dass ich noch aus einer Welt kam, die ihr Leben in Sonntags- und Werktagskleider einteilte. Jedenfalls stand der Besuch einer Kirche nicht auf dem Programm, obwohl ja fast die ganze Stadt katholisch war oder evangelisch, wie ich an den zahlreichen kleinen Kirchen sehen konnte und auch an den Menschen, die im Sonntagskleid und mit ihrem Gebetbuch unterwegs waren, wie ich von meinem Autofenster im Vorbeifahren gesehen hatte, was mich ja auf die Idee brachte, Freddy zu fragen, ob er mich an diesem Morgen vielleicht auch noch zur größten Kirche von Arusha fahren könnte und somit auch ein Stück weit in meine erste Welt hinein – und zurück.

Die erste Station meiner Sightseeingtour sollte aber das älteste Gebäude der Stadt sein, nun das Museum von Arusha, einst der Sitz des preußischen Herrn Bock von Wülflingen, ein selten besuchtes Mahnmal der Schande. Ich sah Wilhelm II. mit Pickelhaube auf Geldschein und fotografierte es: ein Hundert-Rupien-Schein, Deutschostafrikanische Bank.

Ich sah die Briefmarken, die mir den Kilimandscharo zeigten. Dagegen diese Pickelhaube. Von da kannte ich dieses Gesicht, eine von diesen Sammeltassenfressen seit Napoleon III. und Eugénie – ich hatte auch diese zwei zum ersten Mal auf einer Mokkatasse gesehen und konnte auch später nie verstehen, wie so eine Figur derart angebetet werden konnte, so dass – im Vergleich mit diesem Willi – Napoleon, Alkibiades, der die Griechen im fünften

Jahrhundert vor Christus mehrfach ins Unglück gestürzt hatte, und alle anderen nichts zu sein schienen.

Ich sah den Vogel zuoberst auf der reichverzierten Pickelhaube, unter der ein Kopf aus Stroh namens Wilhelm hervorlugte und im Halsbereich ein Band so breit wie eine vierspurige Autobahn auf einer Sammeltasse. Wahrlich als Häuptling zurechtgemacht.

Solche Geldscheine gab es zu Hause nicht, auch wenn Wilhelm da eine Art Häuptling war. Mit breiter Schärpe in Schwarz-Weiß-Rot, und ich sah schon wieder die Ansichtskarte von Bord der »Admiral Tirpitz«: »Stolz weht die Flagge Schwarz-Weiß-Rot: Herzliche Ostergrüße!«

Der Aufwand lohnte sich nicht, dieser arme Mann blieb, was er gewesen war, blieb und sein würde: eine Witzfigur wie ich auch. Ja, denn auch mir war zu Hause manches Mal der Vogel gezeigt worden. Ein Irrwisch mit Kaiserkrone. Und Bischof von Preußen. Diese Geschichte endete, endete in einem Holzhacker. Wie meine ausgehen würde? Ich wusste ja noch nicht einmal, wie es mit mir und dem Kilimandscharo ausgehen würde.

Vor allem gab es zu Hause nicht den Vogel, der auf der Spitze dieser Pickelhaube hockte und thronte. Eine Phantasie wie aus dem alten Ägypten und aus den Tierreichen des Nahen Ostens, und die Schlangen und Fabelwesen der Azteken und der Inka waren ja durch jahrhundertelange Plünderung altbekannt.

Und mittlerweile wieder in Mode gekommen. Und wenn es sich um besonders seltene Exemplare handelte, war es nun zu einem Sammelgebiet geworden, das Präkolumbische Kunst hieß.

Ihre Wiederentdeckung hatte im grausamen 19. Jahrhundert der Aufklärung und des mit ihr Hand in Hand gehenden Fortschritts von Technik, der Eroberung und Kolonialisierung und Unterwerfung und Ausbeutung der Welt stattgefunden. Die sich bis zum heutigen Tag fortsetzte, wenn auch unter anderen Namen, so zum Beispiel war der Fortschritt durch Wörter wie »Globalisierung« und »Digitalisierung« ersetzt. – Oder wie sollte ich die über ganz Afrika verstreuten Minen sehen und das Geschäft, das die einheimischen Despotenclans mit den internationalen Firmen machten?

Summa und Entschuldigung: Wilhelm war auch nur eine Sammeltassenfresse mehr, die ich auf diesem Geldschein hinter Glas an der Wand des Museums von Arusha entdeckte, welches das einzige solid gebaute Haus von ganz Arusha war, gebaut für den Ersten der Deutschen Schutztruppe vor Ort im Schatten des Kilimandscharo. Ja, der Baron Bock von Wülflingen!

Es war alles in Arusha, wo seither unzählige Liebesgeschichten gespielt hatten, wo nun einige leicht gebaute Hotels und Banken und so fort hinzugekommen waren in Verbindung mit dem großen Völkermord und dem Ruandatribunal der Vereinten Nationen. Und aus den Hellern war das Wort »Hela« geworden, welches nun das Wort für Geld war in Tansania.

Schon das ganze 19. Jahrhundert zog sich in mir zusammen wie ein Blutschwamm angesichts dieser Vitrinen im Museum. Die Beschriftung der Exponate war auf Kiswahili, einer Sprache, die die Deutschen von der Küste her zum Fuß des Kilimandscharo importiert hatten.

Eigentümlich oder nicht: Anders als die anderen Kolonialmächte hätten die Deutschen keinen Wert darauf gelegt, das Deutsche einzuführen, anders als die Engländer und die Franzosen. Den Holländern war es egal.

War es ein Superrassismus, im Wahn, die Schwarzen hätten die deutsche Sprache nicht verdient? Ich dachte: Diese Pickelhaube ist zu schwer für ihren kleinen Kopf: die Pickelhaube mit dem Vogel drauf, Wilhelm auf dem Geldschein. Er hatte etwas Papageienartiges. Dabei wusste ich längst, nicht zuletzt von Fritz Lang und seinen herrlichen Papageien, dass es doch in Afrika gar keine Papageien gab. Vielleicht wollte er die Schwarzen als derart exotisches Vogelwesen beeindrucken. Mit etwas Fremdem, als käme es wie der Weiße Gott ins Reich der Azteken.

Als Kinder spielten wir mit den Millionen und Milliarden aus der Schatulle, die von 1923 übrig geblieben waren, ja mit den Billionen und den Trillionen. Und ich hätte abermals die Gelegenheit gehabt, richtig rechnen zu lernen, doch seltsam, Geldscheine interessierten mich nie. Sie waren mein Sammelgebiet, ja, aber ich neigte als Träumer damals zu den Briefmarken, weil sie schöner sein konnten, und mir, der ich festsaß, die ganze Welt nach Hause brachten, Landschaften, Meere, Schiffe, Gemälde, Serengeti und seltene Blumen und dann und wann einen Politiker – Perón aus Argentinien und Josip Broz Tito, eine Schönheit, die auch ein Mann bewundern durfte. Mein dolchgeprüfter Vater hatte es einst so gesagt, was mich zu einem abwegigen Gedanken anstiftete.

Der Geldschein mit Wilhelm II.: Auch wenn er mit

allem nachher nichts mehr zu tun haben wollte, dachte ich, und sah ihn schon Holz hacken als geistigen Zeitvertreib in Doorn, als wäre es eine Form von fernöstlicher Meditation gewesen, Zen, zum Beispiel, ins Holländische verlagert. Schließlich hatte es auch seinetwegen in fast jedem Haus mindestens einen Toten gegeben.

Also nicht nur diese Eingeborenen mussten es büßen.

Ich war ja auch nur ein Eingeborener, dessen Vorfahren, nur zehn Jahre vor Ostafrika unterworfen, unter demselben preußischen Regiment zu leiden hatten. Nur wusste es keiner, von Königgrätz wusste kein Schwein mehr, das war gründlich aus dem Gedächtnis der preußisch beherrschten Geschichte von 1866 an verdrängt; und zum Beweis hätte ich nun anführen können, dass mein Rechtschreibeprogramm das Wort »Königgrätz« mit einer roten Schlaglinie als fehlerhaft markierte. Schwamm drüber!

Das sprachliche Verständigungsproblem gab es zwischen Wilhelm und seinem englischen Cousin, den beiden Enkeln von Victoria, zwar nicht: Sie sprachen alle Deutsch miteinander, wenn die englische Öffentlichkeit von einst nicht dabei war, und so schrieben sie sich auch, so dass der monarchietreue Engländer von heute, der etwas Sinn für Geschichte hatte, unbedingt Deutsch lernen musste, wollte er sich nicht auf Übersetzungen verlassen.

»Die Deutschen Schutzgebiete«: Dazu gehörte auch das, was heute Tansania und Kilimandscharo hieß. Doch Schutz vor wem? Sie brüsteten sich damit, zudem noch so, als wären die Preußen nicht nur die größten Krieger gewesen, sondern auch so wie angeberische Bauern, die

die Größe ihrer Felder in Hektar angaben, mit dem entsprechenden Neid auf ihre Vettern bis hin zum internationalen Strafgericht über Hutu und Tutsi.

Von da auch die vielen Hotels in Arusha. Ende 2015 stellte der Internationale Gerichtshof seine Arbeit ein.

Der Sklavenhandel ging weiter, ach Sansibar, Tansania, Tansibar, Sansania Likischandmaro. Und was einem wie mir am sogenannten Erdüberlastungstag einfallen konnte, da mir Sansibar, Sklavenhandel und Ostroute einfielen.

Sansibar war längst ein Sehnsuchtsort aller Weltreisenden und einst Hauptverladestation der Sklaven auf ihrem Weg nach Norden und Osten.

Sansibar war der Hauptumschlagsname für die Sklavenware der Ostroute, unterwegs ins Reich der Kalifen und Sultane, bis hin nach Indien. So hatte ich es schon bei Tidiane N'Diaye gelesen, in seinem Buch »Der verschleierte Völkermord«, erschienen bei Rowohlt 2010 (zuerst bei Gallimard zwei Jahre zuvor).

Sklaverei gab es nach wie vor auf der Welt. Gerade hatte ich wieder ein weinendes Kind mit einem riesigen Stein in den Armen gesehen, es war in Indien, es war in den GMX-Nachrichten, unverlangt wie eine Gewinnbenachrichtigung per GMX … tätig in einer Lieferfirma für einen Grabstein … Den hatte ich ja schon, das heißt, ein sogenanntes Familiengrab. Sonst hätte ich, für den ein Friedwaldplatz niemals in Frage kam, in meinem Testament verfügt, dass mir ein Holzkreuz genügte. Und nun im Jahr der Fußballweltmeisterschaft, dem ökumenischsten aller Ereignisse, flüchteten sich die Menschen in die Friedwälder und wollten von allem nichts mehr wissen, und schon gar nichts mehr von Grabsteinen und Grabkreuzen mit ihren Grabsprüchen, und wollten vergessen sein.

Kurz: So einfach, wie ich mir das gedacht hatte, war es nicht – und auch nicht mit dem Verschwinden des Taschentuchs aus dem Hosensack der Männer.

Sansibar war der Hauptumschlagsort an der Ostroute. Von einer solchen Route hatte ich nie gehört, bis ich auf jenes Buch stieß, und erst recht auf die »Weltgeschichte der Sklaverei«, und wahrlich: Kaum etwas traf mich mehr ins Herz als ein richtiges Buch. Sklaven und Sklavenhalter gab es mehr denn je, doch offiziell schon lange nicht mehr. Sie hießen nun Leiharbeiter und Investoren.

Die Sklavenhändler wurden dieses Mal von besorgten Non-Government-Organisationen Menschenschleuser genannt.

Sansibar war die Insel der Inseln in jenem Buch von Alfred Andersch. Von Sklaven kein Wort. Merkwürdig, dass dieser Schriftsteller mitten im zwanzigsten Jahrhundert sich ausgerechnet Sansibar ausgesucht hatte. (Es wird doch nicht wegen des wohlklingenden Namens gewesen sein?) Sansibar erzählte mehrere Fluchtgeschichten aus einer schrecklichen Welt, die, als ich das Buch las, gerade ein Vierteljahrhundert zurücklagen und mich in meinem Herzen trafen, wie die Flüchtlinge, die mittlerweile auch aus Sansibar zu mir hin unterwegs waren, vielleicht sogar bis nach Helgoland? Das einst unter Vettern getauscht worden war: Sansibar gegen Helgoland. Ich liebte Helgoland auch.

Schon an meinem zweiten Tag las ich also auf einem

Plakat »Kolonien fördern die Volksernährung« und fotografierte es auch.

Das Plakat war aus einer Zeit, als der Mensch noch seine Kolonialwaren bei Tante Emma bekam. Da konnte ich im Stil eines Belle-Époque-Plakats von Baccardi einen Schwarzen sehen, der unter Palmen Ware zu einem arabischen Auslegerboot schleppte, das diese zu einem vor Anker liegenden großen Dampfer brachte, der von da nach Bremerhaven oder Hamburg unterwegs sein würde. Der schöne Arbeiter wurde dabei beobachtet oder bewacht von einem Mann mit wilhelminischer Pickelhaube. Das war seinerzeit, als der Kilimandscharo noch Kaiser-Wilhelm-Spitze hieß.

Und dann stieß ich abermals auf das Wort »Sansibar«. Jene Insel hieß aber nun Zanzibar, als wüsste ich nun mehr. Als wäre nun alles anders.

Manche, das war auch schon vor zehn Jahren so gewesen, hatten ihre besten Gedanken im Gehen oder glaubten, am besten zu sich zu finden in einer Felswand beim Freeclimbing. Für mich war das alles nur eine Variante des Darwinismus und fand sich in den Köpfen von Menschen und Schriftstellern, die aus dem Besteigen und Unterwerfen der höchsten Berge und ihrem Umbenennen einen Kampfsport machten – und so aus dem Kilimandscharo die Kaiser-Wilhelm-Spitze.

Aus der sogenannten Natur war ja für die Utilitaristen von der Fun-Fraktion nicht viel mehr als ein Outdoorgelände geworden, ein Tummelplatz für Freizeitaktivisten, die von allem etwas haben wollten, selbst noch vom Tod, und die möglicherweise von einer lieblingsfarbenen Urne im Friedwald träumten.

Ach, die Unübersichtlichkeit der Welt, die Kürze meines Lebens und mein linkshändiger Kopf.

Das war das Kapital der Hasardeure, die 2008 alles zum Einsturz brachten, und die Millionen mussten es mit Obdachlosigkeit bezahlen, die Sklaverei, die in den USA offiziell längst abgeschafft war, war nun an die Börsen und Märkte verlagert, während der Protagonist noch einmal vierhundert Millionen an Boni kassierte und immer noch eine Finanzconsulting-Firma in Manhattan betrieb, ach, metaphysisch obdachlos waren sie ja nun schon seit John Lennons »Imagine«.

Den Papst Franziskus hatte ich auf einem Transitflug, einem unserer Transitflüge von hier nach dort, gesehen und gehört, wie er einen Kirchenvater zitierte, der behauptet hatte, dass das Geld die Scheiße des Teufels sei.

Und an dieser Stelle war mir wieder einmal deutlich geworden, dass ich schreiben musste, wie ich, und nicht so, wie es die anderen wollten.

Im Museum entdeckte ich neben den ausgestopften Exponaten auch den Kopf von Julius Nyerere, das heißt eine eher missglückte Darstellung in Bronze auf einem viel zu kleinen Sockel.

Nyerere war mit Bernhard Grzimek befreundet. Das hatte ich irgendwo gelesen. Dessen Familie lag auf dem Friedhof von Biberach, das hatte ich irgendwann gehört. Auf ihn, Grzimek, hätte ich auch noch zu sprechen kommen müssen; und wie er manchen Kinderabend illuminierte mit seinen afrikanischen Bildern von unseren Freunden, und mit einer Stimme so sanft, dass die Bilder,

die ich dazu sah, gar nicht dazu passten, all die zuschnap-
penden Alligatoren und Serengetilöwen. Ein andermal!

Ich stand nun im Julius-Nyerere-Raum. Und übersetzte
von den Schautafeln weg: »1960 wurde Nyerere Minister-
präsident und führte am 9. Dezember 1961 sein Land in die
Unabhängigkeit von Großbritannien. 1962 wurde er erstmals zum Staatspräsidenten von Tanganjika gewählt; 1967
trug er seine sozialistischen Überzeugungen mit der »De-
klaration von Arusha« in die Politik. Nyerere verstaatlichte
die Banken und andere Wirtschaftsunternehmen …« »Er
forderte die Neugründung sozialistischer Dorfgemein-
schaften (Ujamaa).« »1971 und 1978 griff Ugandas Diktator Idi Amin Tansania an. Im zweiten Krieg eroberte
Tansania die ugandische Hauptstadt Kampala und zwang
Idi Amin zur Flucht.« Er starb im Exil. Das Wort hatte einen guten, wenn auch traurigen Klang für mich, seit Ovid
am Schwarzen Meer. Aber wenn als Exilort ein Villen-
viertel von Saudi-Arabien genannt wurde, wo sich einige
der furchtbarsten Diktatoren meiner Lebenszeit gefunden
hatten? Idi Amin! Dieser Name war noch so ein Schreck-
gespenst meiner Jugend. Die feindlichen Geheimdienste
hatten in Umlauf gebracht, Idi Amin sei anthropophag
gewesen, vulgo: Menschenfresser. Nyerere, der erste große
Präsident von Tansania, war »Leninfriedenspreisträger
und Ehrenbürger von Belgrad«. Und auch noch dies: »Der
Seligsprechungsprozess wurde 2005 eröffnet.« Denn, so las
ich es: »Nyerere war ein frommer Katholik, der auch während seines öffentlichen Wirkens täglich zur Messe ging
und häufig fastete. Bis zu seinem Tod 1999 war Nyerere als
Friedensvermittler in Afrika unterwegs.«

Und ich?

»Die Welt ist ein Meer, die Menschen sind die aufgebrachten Wellen. Das Ufer ist der Tod.« Sagt der heute eher in Verruf geratene, in der Literatur- und Sprachgeschichte jedoch bedeutende Abraham a Sancta Clara.

Derweil richtete ich meine Gebete an den heiligen Antonius, dass ich mich fände. »Denn dem Hiersein galt die größte aller Anhänglichkeiten unseres Dichters.«

Besonders schöne ausgestopfte Exponate hatte ich in der Werkstatt gesehen, die ich am Ende meiner Reise durch dieses Museum betrat, vielleicht auch im Gedanken, dass ich ein schönes Souvenir im angrenzenden Shop finden würde, und auch jenen schönen Mann entdeckte ich, der vielleicht der Präparator dieser Zebraköpfe und Löwen und Hyänen war, wie er in einem Arbeitskittel, dessen Muster noch aus der preußischen Zeit sein mochte, herumhantierte.

Zurück zur Vitrine mit Bock von Wülflingen! Dem begegnete ich hier das erste Mal in meinem Leben. Freilich, von den Wülflingen hatte ich schon gehört, und Onkel Henry hätte in seiner Übertreibungssucht nun schon wieder das Wort »viel« vorangestellt. Tatsächlich wusste ich nicht viel mehr als dies: dass es sie einmal gegeben haben musste, und dass ich in Ascona schon mehrfach in der Casa Wülflingen übernachtet hatte. Ich wusste nicht, warum sie so hieß, dachte mir aber nun, dass sich der Baron nach seinen Afrikaabenteuern nach Ascona zurückgezogen hatte mit reichlich Geld und sich nun einen Ruhesitz baute, den seine Erben als Pension weiterführten.

Nun sah ich diesen Bock von Wülflingen in blanker Rüstung vor mir sitzen, als stammte er aus den Zeiten der edlen Ritter, die sich anscheinend nun in Afrika herumtrieben.

Seine Peitsche lag auch irgendwo herum und machte mir noch in ihrem Schwarz-Weiß, das mehr der Fototechnik als den preußischen Farben geschuldet war … ja, ja, ja, die Wörter Peitsche und Preußen, eine Assonanz und Alliteration, machten mir Angst, Angst, Angst. War Angst jenes Wort, das am Ende im Wort »Todesangst« gipfelte? All die Hiebe. Und ein Tippfehler machte daraus sogleich wieder Liebe.

Diesen Mann, dessen Bilder und Spuren ich hier in der Vitrine liegen sah, wollte ich mir bei ihr, das heißt: der Liebe, bei aller Liebe, lieber nicht vorstellen. Aber das war nun mein Problem. Ich hatte schon lange dergleichen nicht mehr erlebt, und das Wort »Abenteuer« hätte ich als »abgeschrieben« verbuchen müssen. Und gerade jetzt hörte ich schon wieder das Murren der auf Unterhaltung gebürsteten Zeitgenossen: So genau wollen wir das nicht wissen!

So wenig, wie sie eigentlich von dem Treiben des ersten Zivilisationsbringers namens Carl Peters wissen wollten. Noch so ein Name, von dem ich nun in Arusha zum ersten Mal erfuhr: Carl Peters war aber jener, der dem Preußisch-Deutschen Reich Ostafrika mit seinem Gipfel namens Kilimandscharo als »Schutzgebiet« zugeführt hatte.

Es gab jenen Film mit Hans Albers. Carl Peters rettet mit seinen beiden Jugendfreunden einen afrikanischen Stamm vor arabischen Sklavenhändlern und schließt mit diesem und mit weiteren Stämmen »Schutzverträge« ab: »Die Hinrichtung zweier Schwarzer durch den Strang wird im Film als Reaktion auf einen von England gelenkten Aufstand dargestellt, dem einer seiner Jugendfreunde zum Opfer fällt; vom tatsächlichen Zusammenhang, dem Verhältnis seiner Geliebten zu seinem Diener, ist im Film nicht die Rede. Am Ende des Films rechtfertigt Peters im Reichstag die ungesetzliche Hinrichtung als notwendige Maßnahme, um weitere Aufständische zu entmutigen.«

So las ich es in Wikipedia. Diesen Film sollte ich nun in meinen Worten als traurige Tropengeschichte nacherzählen. Dachte ich, wenn ich zu Hause wäre und den Film gesehen hätte. Er war aber nur mit einer Spezialgenehmigung zu sehen.

Carl Peters war der hochgefeierte Held der Stunde der Kolonialeuphorie von 1871 an, der dem Preußisch-Deutschen Reich und seinem Kaiser jenes Land mit dem Kilimandscharo »zum Schutze anempfohlen« hatte, der den damaligen Deutschen dieses Land, das nun Tansania hieß, geschenkt hatte. Und der Afrikaner sollte dankbar sein, dass man ihn von nun an mit dem Licht der Zivilisation beleuchtete, und sollte nun zum Dank für diese Befreiung und den Anschluss an die Welt dieses eigentlich unbezahlbare Geschenk abarbeiten. Und der Kaiser gab sich geehrt, nachdem dieser Berg umbenannt worden war und seinen Namen trug: Kaiser-Wilhelm-Spitze. Die Umbenennung hatte Carl Peters vorgenommen.

Was für ein Museum, in dem ich nun auf meinen zwei Beinen unterwegs war. Aber in diesen kurzen sechs Tagen saß ich meistens nur und schaute hinaus, ob nun durchs Jeepfenster oder von meinem Frontporch in den Lodges aus.

Und ich stieß auf noch so einen Helden, den ich aus unserem Gästebuch kannte: … Lettow-Vorbeck.

Auch die Geschichte mit den Rosen von Norderney, die jedes Jahr Onkel Henrys Mutter, die eigentlich meine Adoptivgroßmutter war, an Heiligabend erhielt, solange sie lebte, fiel mir bei diesem Namen ein. Ihre Asche lag auf dem berühmten Riehnsberger Friedhof zu Bremen, in dem Familiengrab, entworfen von Rudolf Alexander Schröder in Form eines Dampfers vom Norddeutschen Lloyd, wo für mich auch noch ein Platz gewesen wäre. (Die Grabstelle mit dem Schiff, dessen Urbild wohl auch in jener Baccardi-Bucht einst aufkreuzte, war per Erbe an mich übergegangen.)

»Im Auftrag einer Illustrierten bereiste er 1953 nochmals seine ehemaligen Wirkungsstätten in Afrika.« Die Begegnung mit den alten Kameraden wurde von einer unserer Nachkriegszeitungen mit zahlreichen Bildern illustriert, war eben eine Illustrierte aus der Frühzeit der Verlagerung vom Wort zum Bild. Und ich dachte mir, dass die »Schwarzen« so gezeigt wurden, als hätten sie Sehnsucht nach der guten alten Zeit. Lettow war ja der Einzige, der nicht besiegt wurde im Ersten Weltkrieg und Deutsch-Ostafrika »ehrenvoll« an die Engländer übergeben konnte. »Vor so etwas hat der Engländer Respekt«, sagte Onkel Henry, der auch in Oxford studiert hatte und in Bremen mit einer englischen Gouvernante zweisprachig aufgewachsen war. Als der Afrikaheld Lettow-Vorbeck noch einmal sein geliebtes Deutsch-Ostafrika, welches auch eine Liebe war, welche ich zur Kenntnis nehmen musste, besuchte, da war die Queen schon Königin, nun endlich auch vom Kilimandscharo, der nun wieder so hieß. »Aber nimmer lang!«, wie das Kasperle sagte, das gerade noch in seinen Weltraum hinein »Seid ihr alle da?«, gefragt hatte. Eine abermalige Umbennennung in »Queen Elizabeth Peak« oder »Julius Nyerere Peak« fand bisher nicht statt. Und die Queen war Königin bis zum heutigen Tag, Majesty und Queen. Das war also an einem Sonntag, und ich war der einzige Besucher dieses Museums, das nicht die sogenannte professionelle Handschrift trug, wie die zahlreich gewordenen historischen Museen, die ich von zu Hause kannte, welche nun die Geschichte »aufarbeiten« sollten. Es gab nicht einmal eine Aufsicht im Arusha-Museum. Ich hätte alles von der Wand wegstehlen können oder aus den Vitrinen nehmen. Und auch keine Alarmanlage. Ich war der einzige Mensch und dachte, man hat diese Menschen ziemlich alleingelassen mit ihrer Geschichte.

Und ich hatte kein Recht, mich darüber zu erheben, erstens, weil mein ökologischer Fußabdruck bedenklicher war, seitdem ich zu gehen begonnen hatte, als der von Lettow-Vorbeck, der damals meistens zu Fuß unterwegs war, wenn auch mit Kriegsbeil und als preußisch gottbegnadeter Herrenmensch ... Und zweitens, weil ich ja auch nur für eine Illustrierte unterwegs war, die ich allerdings schon aus meinen Maobibel-Zeiten kannte, die mir schon in der Schule von Dr. Back empfohlen worden war, damals, als ich die Welt noch mit der Zeit verwechselte.

Also wollte ich nicht zu streng sein mit mir. Und das Leben stellte sich zuzeiten als Kuhhandel heraus,

»In Daressalam begrüßten ihn vierhundert ehemalige Askari, die mit ihm ein Wiedersehen feierten.«

Sein kurz danach veröffentlichtes Buch »Afrika, wie ich es wiedersah« ist eine Rechtfertigung der Kolonialherrschaft. Zwar sollten »einmal die Eingeborenen sich auch ganz selbständig regieren«, räumte er ein, dies könne aber nur ein Fernziel sein: »Bis es soweit ist, ist europäische Führung notwendig; das sehen auch die verständigen Schwarzen ein.«

Und nun kehrte ich noch einmal zur Schautafel und der Vitrine, in der Carl Peters lag, zurück. Alles war auf Englisch beschriftet, die Zeitungsausschnitte und die Bildlegenden in den Vitrinen waren aber auf Deutsch, wie auch die Banknotentexte mit Wilhelm auf der Vorderseite. Und nur von einem wie mir zu lesen, der in seiner Kindheit auf seinen ersten Wegen durch den Wald noch auf den Grenzstein »Königreich Preußen« gestoßen war, auf den das Kind stoßen konnte und in das Lesen und Entziffern von alten überholten Schriften hineinwachsen, als wäre es auf dem Friedhof, meinem Heimatfriedhof mit seinen alten, überholten, erwartungsvollen Grabsteinen, die längst abgeräumt waren, weil sie nicht mehr in die Zeit passten. Auf ihnen konnte ich noch »Wiedersehen!« lesen, und das erste Mal vielleicht das Wort »Adieu«. (Was wäre mir die Welt noch ohne jene Hoffnung, die im Wort »Adieu« aufgehoben ist? Dachte ich vielleicht.)

Von dem Film mit Hans Albers haben sie in Arusha wohl nie erfahren.

Doch irgendwann, das heißt, als man von ihm nichts mehr hatte und seine Kolonie für Preußen unter Dach und Fach mit gefälschten Verträgen … wurde es den anständigen Preußen zu viel. Ja, es gab dann einen Prozess gegen Carl Peters, »den Wegbahner des Deutschen Schutzgebietes Ostafrika«. Es war ein Mitarbeiter, der gegen ihn ausgesagt hatte im speziellen Prozess, der geführt wurde, da Peters seine Geliebte mit ihrem Geliebten zusammen an einem Baum hatte aufhängen lassen. Und ich dachte nun an jene Zeugin, die gegen die arme – und kein Wort passte zu jenem Zeitpunkt in den Mund eines barmherzigen Menschen besser – Marie Antoinette ausgesagt hatte: Und wie diese Günstlingsperson der Königin nun als »Bürgerin« gegen die Witwe Capet, wie Marie Antoinette von den Anklägern angeherrscht wurde, aussagte, wie sie vor Hass glühte, und wie dieses Revolutionsbeispiel versuchte, der Königin, die auf ihrer Reise nach Versailles auch bei uns Station gemacht hatte, ins Gesicht zu spucken im Vorbeigehen, was geradewegs zum Schafott führte, und der Monsieur de Paris, der Scharfrichter, hatte alles erledigt, wie es Recht war. Das war die Geschichte im Großen. Und Marie Antoinette? Sie hatte auf dem Weg in den Tod bei uns eine Rast eingelegt, im Adler. Und von da war es ja nach Frankreich nicht mehr weit. Ich wollte schon lange einmal dem Deutschen Literaturarchiv, das heißt: dem guten Dr. Schmidt, einen Aufsatz für seine SPUREN-Reihe über den »Adler« zu M. vorschlagen, »wo auch Montaigne und Mozart übernachtet und Heidegger seinen achtzigsten Geburtstag gefeiert hatte«. Aber der Titel hätte »Meßkirch, Montaigne, Mozart, Marie-Antoinette« sein können.

»Final Destination« war aber das Schafott.

Zurück zu Carl Peters: Der war wohl SM, aber das hieß damals noch nicht so.

Ich sah ihn nun vor mir in der wackligen Vitrine liegen.

Es war kein Museumsglas, und das Bild schon ziemlich ausgebleicht.

Vielleicht war die Klage nur ein Vorwand, ihn im Preu-ßisch-Deutschen Reich loszuwerden, wo die herrschende Gesellschaft zudem noch auf »Ehre« und Besenreinheit hielt, mir fiel bei Carl Peters nun auch noch Garibaldi ein, den die Italiener am Ende los sein wollten, das war schon von 1860 an, als Florenz erobert und für zehn Jahre Hauptstadt des neuen Italien geworden war. Und Krupp war ja ein paar Jahre später wegen seines angeblichen Trei-bens vom neuen Italien ans Messer geliefert worden, und dann blieb ihm nichts anderes übrig als der schnelle Tod. Und im Jahr 1870 durfte der arme Garibaldi wie der arme »Mohr, der seine Schuldigkeit getan« hatte – noch so ein Schillersatz, den in Italien kein Mensch kannte –, in Rom, das am Ende seiner Träume gestanden hatte, die Aus-loschung des päpstlichen Roms, nicht miteinmarschieren.

Und Garibaldis Geliebte auch nicht. Beide saßen aber nun hoch zu Ross auf dem großen Platz auf dem Giani-colo, ich war oftmals oben gewesen und dachte mir, wie schön doch die Welt sein könnte ohne Messer und Pisto-len, und etwas abseits schoss die Frau, schoss von ihrem Pferd herunter in Richtung Petersdomkuppel, wo zur Zeit der Errichtung dieses Denkmals der Papst wieder einmal in seiner Babylonischen Gefangenschaft saß. Die war aber mit den Verträgen mit Mussolini zu Ende. Dauerte nicht ganz so lang wie Avignon, doch immerhin ein paar Jahre länger als Babylon.

Die Auftraggeber kannte ich, aber über den Künstler hätte ich nun gerne mehr gewusst. Er muss ein Mitläufer auf der Höhe seiner Zeit gewesen sein. So viel wusste ich: dass die ahnungslosen Touristen, die wegen der schönen Aussicht auf diesen römischen Hügel in Busladungen heraufgekarrt wurden oder es sogar zu Fuß geschafft hatten, von allem nichts wussten.

Noch so ein Flintenweib als Fußnote der Weltgeschichte.

Nun war ich aber der Einzige, der in diesem Museum an diesem Tag unterwegs war.

Das Museum kostete nicht einmal Eintritt, und es war in der Stadt des Völkermordtribunals von Ruanda, das die preußische Kolonialgeschichte nicht nur wegen der Zeitdistanz von hundert Jahren vielleicht doch in den Schatten stellte.

So viel kaum Auszuhaltendes schwirrte um mich, und praktisch alles gleichzeitig, wenn man nur genau genug hinschaute, dachte ich, noch einmal vor der Kolonien-fördern-die-Volksernährung-Tafel.

Sagen Sie jetzt nicht, in meinem Kopf ginge es wirrer zu als auf der Welt!

Diesen Satz hätte ich den Historikern an den Kopf geschleudert, die in demselben wohl immer noch glaubten, die Geschichte von Welt und Mensch ließe sich systematisieren.

Meine Sätze waren eigentlich Vogelscheuchen, für die meisten nichts als eine Art Vogelscheuche, doch diesen Satz »Der Himmel des Killerwals ist die Hölle der Ölsardinen« ließ ich mir nicht nehmen.

Und nun konnte ich meine mitgebrachten Bilder und Sätze auf das in den Museumsvitrinen und an den Schautafeln Gezeigte, auf diesen meinen Tag übertragen, auf die Wülflingens und die Bocks und Lettow-Vorbecks und die Peters und so fort. Die waren ja auch reichlich in meinem Gästebuch.

Und ich sollte das auch noch bewundern. So weit ging meine Bewunderung aber nicht. Vielleicht war das die Freude der Darwinisten. Und aller Wissenschaftler, die etwas groß fanden, nur weil es das gab und gegeben hatte. So wie mancher Historiker den Zweiten Weltkrieg. Über den Schmerz fuhren sie mit ihrem wissenschaftlichen Besteck hinweg.

So etwas konnte längst digitalisiert werden.

Das Treiben des Pfarrersohnes aus dem schön gelegenen Neuhaus an der Elbe … Summa: Carl Peters war den anständigen Kolonialbeamten zu viel geworden. Sie hatten mit der zweifelhaften Moral dieses Herrenmenschen nicht mehr länger zu tun haben wollen.

So stand ich vor den Schautafeln, und kein anderer Satz als dieses »ich wasche meine Hände in Unschuld« kam mir in Gegenwart aller Vergangenheiten in den Sinn.

Und ich dachte, dass auch die Neuhauser und nicht nur die Kallstädter, welche die beiden Großeltern von Donald Trump auswiesen … hätten »Bleib bei uns!« singen sollen, jenes schöne Lied von Michael Praetorius, der auch »Es ist ein Ros' entsprungen« komponiert hat. Statt ihn, Trump, zu vertreiben. Denn die Folgen dieser Ausweisung aus der Pfalz, Bayern und Deutschland mussten die Menschen weltweit, also auch ich, täglich büßen.

Und es gab kein einziges Kind unter uns, das damals in den ersten zwei Kirchenbänken bei »Ros'« nicht an die Pferde, die Rösser gedacht hätte, deren letzte Exemplare damals noch auf Gnadenbrot am Leben waren und in unseren Obstgärten grasten, und dann musste ein Wunderheiler kommen, der das arme Tier wieder zum Aufstehen bewegen sollte: Es, das dumme Pferd, hatte zu viele unreife Äpfel in sich hineingefressen und lag dann wie tot in der Obstwiese. Doch statt wieder aufzustehen, blieb das arme Tier tot auf dem Boden liegen. Und das Kind, das ich war, verstand die Welt nicht mehr. Und auch im Museum von Arusha war ich der alte Narr geblieben, der die Schautafeln und die Vitrinen nicht richtig einzuordnen wusste.

Und ich war so mitten in meinem entlegenen Gedankenunkrautfeld, dass ich es bisher versäumt hatte, nach oben zu schauen, zu meinem alten Himmel, und ich hätte mich fragen können, wie lange er noch so blau sein würde. Ich ging kurz hinaus in den schattigen Innenhof zum Luftschnappen und Rauchen, und da war wieder ein lupenreinklarer Himmel, und die Flamboyantes, meine Lieblingsbäume vor Ort und in den Tropen, blühten, als wollten sie das daneben leuchtende Blau eines Baumes, dessen Namen ich nicht kannte, in ihren Blütenschatten stellen.

Es musste »Les arbres« und »Les Oiseaux« genügen, so wie in einem französischen Gedicht, wo die Bäume und die Blumen und die Vögel immer nur in der Mehrzahl und ansonsten namenlos erschienen, wie in der romanischen Welt überhaupt, wo sie das Gedicht »An eine Geisblattranke« auch nicht kannten, so wenig wie mein Schreibprogramm. Vielleicht war ich auch nur zu digitaldumm, um in meinem Internet dieses Gedicht zu finden.

Ich kannte also dieses blühende Blau nicht beim Namen, und zu jenem Flamboyante hin, der auf dem Gelände vor dem Museum erblühte, jenem weiten Feld, auf dem einst die preußischen Herren aufmarschieren ließen, sagte ich nun: »Ich liebe dich.«

Vielleicht war es auch: Ich liebe euch. Alle.

Und dann hätte ich schon wieder den Stock der kommentierenden Kaste der Meinungsklasse sehen können, der mir zu verstehen gab, ich übersetze: Mach es möglichst einfach, aber nicht einfacher, als es war … Und ich war mit meinem Phantomschmerz schon wieder halb als Simulant erkannt …

Dabei war ich doch nur auf Taubenfüßen alt geworden und eine Randfigur des herrschenden Lebens.

Die Bäume blühten, und die Vögel sangen. Das Zwitschern der Schwalben konnte ich hören und beim Namen nennen.

Und ich sah auch hier den Vogel auf der reich verzierten Pickelhaube.

Die edlen Ritter des 19. Jahrhunderts kamen daher, als wären sie Ritter der Aufklärung und des Fortschritts gewesen. Mit ihrem ganzen liberalen Gepränge, noch so einem Wort, das ganz ungeschützt war.

Und ich? Ging wieder hinein und war immer noch der einzige Besucher in diesem Museum und fotografierte eine Geschichte nach der anderen.

Hinkte der Geschichte hinterher und war, was die Geschichte betraf, nie à jour und dachte: Was war der Mensch? War diese Frage die Antwort zugleich? Eine leere Weltkugel um einen Ichkern herum? Den Himmel gab es ja nur, weil es den Menschen gab, der diesen Himmel sehen konnte und mit seinen Wörtern benennen.

Und der Mensch? Das war die Antwort. Die Frage nach dem Menschen war zugleich die Antwort.

Und ich ging abermals aus meiner Nacht in meinen Tag hinaus und setzte mich wieder auf jenen weißen Mauervorsprung wie damals die Alten im Wohnstift auf ihr Bänkchen zwischen Vogelkäfig und Aquarium. Jetzt gab es in den besseren Häusern wegen der Tierschützer keine Fische und Vögel mehr, stattdessen zahme, riesengroße Bernhardiner als Freunde des letzten sogenannten Lebensabschnitts. So wurde die Welt immer schöner.

Die Kilimandscharotouristen, zu denen auch ich zählte, verirrten sich kaum einmal hierher. Das schlechte Gewissen und der Satz »Es ist doch so schön hier« hielten die meisten von uns ab, die das Wort »Sündenstolz« ein furchtbares Wort fanden.

Im Hof des Museums von Arusha flogen meine Schwalben herum. Die Schwalben kannten beides, ihr Nest unter meinem Dach; und auch um die Momellafarm herum hatten sie ihre zeitweilige Heimat.

Derweil hatte Freddy die ganze Zeit im Schatten eines Flamboyante vor dem Tor auf mich gewartet und hatte sich vielleicht gewundert, was ich so lange in diesem Museum verloren hatte.

Nach allem ließ ich mich von Freddy nun zur Kathedrale fahren, »cathedral«, dieses Wort sagte ich.

Wir kamen bei dieser Kirche an, von der ich aber gar nicht wusste, ob es die Kathedrale war und ob Arusha überhaupt eine Kathedrale und einen Bischof hatte. In meinem Guide hatte ich darüber nichts gefunden. Aber Freddy fuhr mich nun, vielleicht etwas widerwillig, zu dieser Kirche. Er parkte weit weg, als wollte er von den Inhabern der Imbissstände und sonstiger katholischer Devotionalien, die ja auch so etwas wie geistliche Imbissstände waren, nicht gesehen werden, so als hätte er mit mir nichts zu tun. Das waren Zeichen, Blicke und Handbewegungen, so dass es wohl auch jene, die Freddy nicht kannten, sogleich wussten. Er schaute wohl so und hatte das von ihnen verstandene entsprechende Verhaltensbesteck, einen Code, der ihnen zu verstehen gab, dass er mit einem, der kein Mann war, mit einem Verrückten unterwegs war. Und einen, der keinen Durchblick hatte, ihm aber für diese Woche zugewiesen worden sei, herumfahren müsse, der eben den Wunsch hatte, am Sonntagmorgen beim Beten dabei zu sein und das, was für einen modernen Menschen ein Humbug war, mitzufeiern, die Heilige Messe.

Er winkte ab und wartete dann um die Ecke auf mich. Kirche war auch hier Frauensache. Der Islam war aber Männersache. Und wenn sich nun einer wie ich …

Dass es sich um eine katholische Kirche handelte, wusste ich spätestens, als ich das Ewige Licht erblickte, so hatte mich schon mein guter Pfarrer in die katholische Welt eingewiesen.

Freddy war aber aufgeklärt oder glaubte wenigstens, aufgeklärt zu sein, und er lachte, auch über mich, zumindest sank mein Status, und es blieb von mir nicht viel mehr übrig in seinen Augen.

Er hatte von der Intelligenzija, wie man es in Russland genannt hatte – also den aus Europa und jetzt auch China angereisten Geschäftsleuten und Technikern –, gesagt bekommen, dass Religion etwas für Frauen, die nur über Gott und Kuchen redeten, sowie für ein paar zurückgebliebene, übrig gebliebene dumme Menschen sei, die keinen Durchblick hätten. Also sank mein Stern schon am zweiten Tag. Und so einen wie mich musste er nun noch auf Tage herumfahren. Normalerweise konnte einer wie Freddy mit seinen Gästen Eindruck schinden.

Er schämte sich für mich, der ihm gesagt hatte, ich sei katholisch.

Er war Moslem, ging zwar nicht in die Moschee, hatte aber die erlaubten vier Frauen.

Are you a priest? Vielleicht hatte er schon von den Missbrauchsskandalen gehört, welche die katholische Kirche erschüttern sollten, ich glaubte es aber eher nicht, und er dachte an die autochtonen Gerüchte, die in seiner Weltgegend im Umlauf waren. Da war es eher der Bischof oder der Priester, der seinen Zölibat insofern lebte, als er nicht mit der Frau verheiratet war, mit der er zusammenlebte.

Das ließ sich auf Englisch auch nicht besser verstehen. Und doch.

Auch in Tansania sprach man nun, nachdem die Deutschen vertrieben waren, Englisch. Deutsch hatte man nie gesprochen, vielleicht dachten die deutschen Herrenmenschen im Gegensatz zu den englischen, dass die Eingeborenen es nicht wert waren, Deutsch zu sprechen, also importierten sie in Arusha, das sich nun als Tor zum Kilimandscharo verkaufte, eine, wie sie dachten, Eingeborenensprache von der fernen Küste, eine Sprache namens Swahili. Nur das Wort für Geld war ein aus dem Deutschen importiertes Lehnwort geblieben. Die USA hatten sich ja auch den Dollar als Wort ausgeliehen, das von Taler kam, wie das Wort in Bayern ausgesprochen wurde, vermutete ich.

Ich ging hinein. Drinnen, in der Kirche, da waren alle zusammen, aber am meisten doch Frauen und Kinder. Auch zurechtgemachte junge Paare, die schön sein wollten und sich zeigen, und schön waren. Es musste auch hier so etwas wie zu Hause auf dem Land geben, also eine Sonntagskleidung, noch etwas, das mich mit ihnen verband, und noch etwas, das die Stadtmenschen von den Landmenschen trennte.

Es war eine katholische Messe: »Und jetzt singen wir das Lied Nr. …« Es war »Großer Gott wir loben dich« auf Swahili. Ich konnte mitsingen. Kannte sogar noch die Nummer im Gesangbuch zu Hause. War das Heimat? Die Nummer des Liedes, das ich auswendig kannte, im Gesangbuch?

Sie waren herausgeputzt wie am Sonntag.

Alles ganz wie zu Hause.

Dachte ich zum ersten Mal an diesem Tag.

Und ich sah eine wie die Bühl Sofie, die dickste von allen, wenn nicht die schönste, wie sie in der hintersten

Reihe im Fronleichnamszug, welche die Möglichkeit bot, bald auszuscheren, sobald wir ihr Haus erreicht hatten, inbrünstig dieses Lied sang, damit es die anderen noch einmal hörten, dass sie dabei war, eine von ihnen. Und dann auch noch »Wer nur den lieben Gott lässt walten«. Und wie sie sich davonmachte. Und ihren Auftritt hatte beim Kommen und Gehen. Wie sie die Blicke der anderen, Männer und Frauen, ihre unterschiedlichen Blicke genoss, und wie sie beim Kommen und Gehen wohlgefällige Kusshände gab mit den Augen, und den Frauen gab sie damit zu verstehen: »Dir zeig ich's aber!«

Wenn du wüsstest, wo dein Willi gestern Nachmittag war und heute Nachmittag sein wird …

Nun lag sie schon seit einem halben Jahrhundert an ihrem Platz auf dem Heimatfriedhof und wartete dort auf den Jüngsten Tag und die Auferstehung der Toten oder nicht. Und die anderen, die sie hassten oder begehrten oder beides, weil sie mit ihrer Oberweite bei den Prozessionen auftrumpfte, lagen auch schon an ihrem endgültigen Platz im Leben.

Ich hatte sie schon hereinkommen sehen, in einem auffallenden, auftragenden, an manchen Stellen enganliegenden Seidengewand im glänzendsten Pink … und mir war dabei auch wieder, als ob ich schon damals beim Anblick der Bühl Sofie – fast schon Einblick? – an jene Frau von Hormocenta dachte, die jeden Abend in der Werbung, die wir noch schauten, als wären wir Eingeborene – noch etwas, das mich nun mit diesen Menschen verband –, die in jedes deutsche Fernsehzimmer der sechziger Jahre Abend für Abend »Mein Hüftgürtel bringt mich um!« hineinstöhnte, dabei aber lächelte wie eine falsche Wienerin, sagen wir Elisabeth Schwarzkopf, als wollte sie es auch noch gleich singen. Als wäre es aus einer Operette von Lehár oder Kálmán, ja, die hätten es wunderbar vertont, aber es war wieder einmal zu spät für »Mein Hüftgürtel bringt mich um«.

Die schöne schwarze Katholikin in Pink, dazu mit einem passenden Kopfschmuck, der vielleicht am Negus, dem König der Könige aus dem Hause Davids, geschult war: Sie hatte auch etwas von Drag Queen …

Welch ein Glück für alle Drag Queens dieser Welt und zugleich ein Schmerz darüber, dass es den Frauen damals noch vorbehalten war, in einer Kirche einen Hut oder so etwas zu tragen, und dass es auf der Männerseite streng verboten war, seinen Hut in der Kirche nicht abzunehmen.

Die Dickste von allen trug also etwas wie in den leuchtendsten Farben von STABILO BOSS. Nein, es war die »Stärkste« von allen, wie die Frauen sagten, die nicht »fett« und nicht einmal »dick« sagen wollten.

Und um die Hüften herum spannte es vielversprechend für manchen Mann in der Kirche.

Nun sah ich, im Stehen, hinter den Reihen, denn ich hatte mich nicht getraut, nach einem Platz in der Kirchenbank zu suchen und hätte das auch rechtfertigen können damit, dass ich wohl gar keinen Platz gefunden hätte, ich wollte mich als Exot nicht zwischen diese Reihen drängen … Nun sah ich auch noch, dass es blitzte. Das hieß einst, dass der Unterrock, der weiß sein musste, aber auch rosarot oder schwarz sein konnte auf der Höhe des erotischen Programms von 1960, vielleicht nur einen Millimeter, das genügte, unten herausschaute …

Das war dann zu Hause das Gespräch beim Mittagessen, das freche Kinder aus der Sonntagsmesse zurückbringen konnten. Viel war es nicht.

Und vom Verschwinden des Taschentuchs aus dem Hosensack der Männer hätte ich nun auch ein Lied singen können. Ich sah wieder Menschen wie einst im Sonntagskleid, und aus der Handtasche nahmen sie diskret ein Taschentuch, wenn sie sich schnäuzen mussten (sorry, nicht mein Wort) oder weinen.

Es gab noch Menschen, die weinten, wenn sie den entsprechenden Satz des Evangeliums des Tages hörten. »Kommt her, ihr Mühseligen und Beladenen, kommt her, ihr Schweine ... «

Draußen, wieder zurück bei Freddy, der mit seinem Schwamm derweilen über die Kotflügel gefahren war, so dass es glänzte ... dachte ich, mit meinen Bildern im Kopf, dass ihm mittlerweile klargeworden war, dass sich mit so einem auch kein Fluchtgeschäft anbahnen ließe. Dass er mit so einem wie mir nicht ins Geschäft kommen könnte.

Seine Shops anzufahren, lehnte ich ab, was mein Prestige noch einmal nach unten in Richtung Minusbereich fuhr. Meine Erfahrung, die ich zwei Jahre zuvor in Indien mit jenem Fahrerscheusal gemacht hatte, fiel mir ein. Weder das Wort noch das Ding namens Flugscham führte ich wohl mit mir. Anders hätte der Lieblingsgedanke, dass ich die Winter anderswo verbrächte, nicht so in mir verankert sein können. Der Taxifahrer, der wohl aus einer privilegierten Klasse kam, hatte mir damals verboten, den Kindern einen Pfauenwedel abzukaufen, was ich aber tat, in der Absicht, ihn an seine Kinder weiterzureichen. Er nahm es mit einem so ärgerlichen Gesicht zur Kenntnis, das nichts anderes heißen konnte als dies: dass er mein Pfauenauge seinen Kindern gar nicht geben, sondern weiterverkaufen wolle, oder es, wenn er damit nicht reüssierte, bei nächstbester Gelegenheit zum Fenster hinausschmeißen würde. Und dass er dachte, mit einem Idioten unterwegs zu sein, musste ich mir gar nicht erst dazudenken.

Ach, die Welt. Sie war nicht schlechter als jene, für die sie gehalten wurde.

Aber auch nicht besser.

Vor der Kirche kaufte ich ein Andenken, das einen lokalen Heiligen zeigte. Es war ein Märtyrer. Und wir fuhren weiter.

Ich war also an diesem zweiten Tag unterwegs vom Museum in die Kirche und auch am Ruanda-Tribunal fuhren wir vorbei, doch ich musste danach fragen: Was ist das für ein großen Gebäude? Von selbst wäre Freddy nicht darauf gekommen. Auf Sightseeing in Arusha, dem Ausgangspunkt fast aller Kilimandscharofahrer.

Am Abend ging ich frühzeitig zu Bett, denn am anderen Morgen sollte ich ja schon um sechs Uhr abgeholt werden. Auf dem Programm standen der Umzug in die nächste Lodge, die erste kleine Safari, der Arusha National Park und dann, was nicht auf dem Programm stand, auch noch ein Abstecher zur Momellafarm und eine Fahrt über Land.

DRITTER TAG

Wir waren sehr früh losgefahren.

Und bald bei der Lodge angekommen, wo ich nur meine Hütte beziehen sollte, um dann gleich mit Freddy wieder loszufahren. Der erste Abstecher sollte wunschgemäß zur Momellafarm führen. Freddy schien aber nicht recht zu wissen, wohin genau ich wollte.

Unterwegs sah ich die ganze Zeit Menschen wie du und ich an unserem Fahrzeug vorbeigehen, die Straße entlang, in beide Richtungen. Und auch rechts und links sah ich sie auf einen Nebenweg oder in eine Hütte verschwinden.

… Und so wie der Herr Landrat auf seinen Fahrer abfärbte, wenn er aufs Land zur Inspektion der Ureinwohner, zu uns, angefahren kam und wir ihm im großen Bogen die Tür öffneten, die damals noch, teakholzverkleidet, nach vorne hin aufging … färbte nun auch ich auf Freddy ab.

Freddy, der aus der Stadt kam, war mit den Augen eines Kolonialbeamten unterwegs, der die Rückständigen besuchte – wie damals der Landrat uns –, die noch nicht richtig sprechen konnten. Und der hatte ja auch seinen Chauffeur mitgebracht, der genauso hoheitsvoll tat und den Stadtmenschen nach außen kehrte; den Überlegenen, den Experten spielte, der den Eingeborenen etwas Glanz brachte. Also, als wäre dies ein Naturgesetz: Glanz und Abglanz …

Seinerzeit ging der Mensch ein Leben lang zu Fuß, und sie waren ein Leben lang unterwegs, sie, die Menschen, das Dorf hinauf und hinunter, und von der Wasserstelle zur Feuerstelle. Vom Unterdorf ins Oberdorf; und doch schien ihnen das Leben gerade da so kurz, als wäre es nichts anderes als einmal das Dorf hinauf und hinunter gewesen, wie es ein armseliger Dichter ein Leben lang gesagt hatte.

So war es überall auf der Welt, und war es heute noch da, wohin ich unterwegs war, zum Fuße des Kilimandscharo.

Auch da gab es Menschen, die nicht wegkamen und davon träumten, von da wegzukommen, wohin ich unterwegs war, was in den Guides als »letzte Paradiese der Erde« angeboten wurde oder so. Und wo ich nun hin unterwegs war.

Ich sehe noch und lese das Emailleschild AGENTUR DES NORDDEUTSCHEN LLOYD in unserem Dorf, an einem unserer abgerissenen Häuser. Und bevor es so weit war, wurde dieses Schild zum Glück noch gestohlen und gerettet, wohl von einem Sammler. Und selbst hier sah ich nun Coca Cola – oder einfach COKE. Es war an einer unverputzten Bude, einraumwohnungsartig, innen gab es wohl etwas zu kaufen, ich sah Kisten und Dosencontainer, und die Fliegen sah ich auch noch, an jenem Fleisch, selbst noch im augenblickartigen Vorbei und Vorbei … und zurück. Von einem Dorf zum anderen.

So sah ich es mit einem Mal wieder, als ein lebenslänglich in die Städte verschlagener Landmensch.

Ich war ein Landmensch bei Landmenschen. Ich war aus meinem Dorf in dieses Dorf gekommen, und es war ganz wie zu Hause. Ich fuhr von Dorf zu Dorf, von einem Dorf zum anderen; und immer mehr schien es mir, als wäre es eine Fahrt nach Hause, nur heute vor fünfzig Jahren.

Die Städte, sagte Frau Saegesser, die vor Jahren durch ganz Afrika gefahren war, seien überall gleich, verdreckt und monströs, die Dörfer hingegen adrett, und jede Hütte war aufgeräumt wie das Leben. Gleich neben der Haustür stand ein Besen … wie einst, wenn der Kolonialbeamte, der heute Experte hieß, zur Inspektion ins Dorf kam wie damals der Landrat Freiherr von Gleichenstein zu uns …

Das konnte der Mensch nicht wissen, der als Experte aus Berlin oder Paris oder New York angereist war. Das konnte nur so ein Trottel wie ich wissen, der die ersten Jahre so wie sie vielleicht ein Leben lang zu Fuß im Leben unterwegs war, unter freiem Himmel von Stalltürchen zu Stalltürchen. Und am Sonntag in entsprechender Kleidung in der Kirche verschwand, wie ich es gerade in der Kathedrale von Arusha gesehen hatte, und auch die Menschen, wie sie so erwartungsvoll waren, wie nur einer sein konnte, der noch aus der Tiefe seines Herzens heraus singen konnte. Laisse pisse les moutons …

Es war hier wie dort. Und die Feste waren auch am Sonntag.

Mir kam nun die Freude des Sonntagmorgens, die Einweihung des Feuerwehrhauses, es hätte auch ein Krematorium sein können, die Musikkapelle, die voranschritt … Kilimandscharo, Momellafarm, African View Lodge. Ich kam vom Land. »Und auch hier: Es war alles fast ganz wie zu Hause.«

Nun aber sah ich dieses Mädchen … Wir waren nun schon auf halbem Weg zur Momellafarm. Wir hatten uns verfahren, das heißt, Freddy war an der falschen Stelle abgebogen. Ein Navi und eine Karte hatte er nicht dabei. Also fuhr Freddy ziemlich schnell auf jene Schulkinder in blauen Uniformen zu, die auf einer Art Dorfplatz beieinanderstanden. Und scheuchte sie zur Seite, wie zu Hause die Hühner, Hunde oder Katzen. Als der Landrat von Gleichenstein zu uns angefahren kam und wir uns alle vor der Schule zu einem Begrüßungslied versammelt hatten. Ja. Dann fragte Freddy wohl auf Swahili nach dem richtigen Weg zur Momellafarm. Ja, ich kam mit einem Chauffeur an, der Freddy hieß und glaubte, es geschafft zu haben. Ich entdeckte nun in dieser von ferne fröhlichen, doch von der Nähe nun scheu gewordenen Schar, die vor so einem großen Fahrzeug und einem Fremden wie mir fremdelte, jenes Mädchen. Sie hatte blondes kurzes Haar und sah wie ein Junge aus. Und sagte etwas mit einer ganz dunklen Stimme. Worauf Freddy etwas sagte, was vielleicht eine Anspielung, gewiss eine Unverschämtheit war, die Frage enthielt wohl im Kern die Behauptung, dass dieses Mädchen gar kein richtiges Mädchen war, so dass das Mädchen, welches Freddy hatte auf den richtigen Weg bringen wollen, verstummte und ein Gesicht machte, das zu Hause vielleicht ein tiefes Erröten gewesen wäre. Und alle lachten.

Ach, dieses Mädchen, das nicht war wie die anderen und es büßen musste, eines nach dem anderen. Dabei fiel mir wieder die Szene mit Freddy und dem Massai-Jungen ein, die ich schon hinter mir hatte und mir die Vorurteile eines Fahrers und Menschen zum Vorschein brachte, gegen die eigenen Leute, die er im darwinistischen Struggle for Life längst hinter sich gelassen hatte.

Und auch die Massai-Jungen, die ihr Vieh die Straße langtrieben und ein Verkehrshindernis waren aus Fahrersicht. Freddy behauptete, die würden absichtlich die magersten Kühe zur Fahrbahn hin bugsieren, damit er in sie hineinfuhr und auf Schadensersatz verklagt werden konnte, denn Recht war, was Recht war … Dass sie angefahren und getötet würden, davon lebten sie, das sei nun die Haupteinnahmequelle der Massai, hörte ich ihn sagen.

Über die Wege liefen Kühe. Und sogleich fiel mir das Milchgeld ein … Schon dieses Wort rührte mich, und ich sah mich nun zwischen dem Kilimandscharo und dem Meru auf dem Weg zur Molkerei, wo zwei Schwestern, denen ihre Eltern die schönen Namen Klara und Marie gegeben hatten, das war um 1900 herum, ihr Regiment führten, und König war für sie, wer die stärksten Arme hatte, die zentnerschweren Milchkannen an jenen Schüttstein zu hieven und in das riesige offene Becken hineinzukippen. Nebenbei hätte ich an dieser Stelle auch einmal die Hygienefrage stellen können, so wie auch hier, wenn ich auf die Fliegen sah, die wie einst an jener Leiter, an der die zwei Schweinehälften hingen, mit der einstigen Schnauze, die abgetrennt war, nach unten. Der Unterschied war nur, dass das Fleisch nicht an teuren Edelstahlhaken hing, die der Stolz jedes Hausmetzgers waren, abgesehen von den teuersten Messern, die er jedes Mal auf der Messerbank inspizierte und präsentierte, bevor er sich an die Arbeit machte, morgens um fünf, und den ersten Schmerz darüber, dass er sein Leben als Metzger führen musste, wie sein Vater schon, mit ein, zwei, drei Gläsern Obstwasser hinunterspülte, bevor er sich an seine Arbeit machte, die mit dem Wetzen der Messer begann …

Damals lebte aber der Mensch noch nicht so hygienisch, wie es den Vorstellungen des Gesundheitsamtes entsprochen hätte. Mittlerweile hatte sich auch meine Welt vom Reinen ins Hygienische verwandelt. Ach ja, der Mensch, er war zum Verbraucher geworden, und er hatte sich vom Reinen ins Hygienische verlagert.

Und doch. Jahrzehnte später hörte ich dann im Deutschlandfunk: »Ein Großteil der Bevölkerung möchte lieber auf dem Land wohnen … Was macht den ländlichen Lebensraum so attraktiv? Darüber reden wir. Telefonieren Sie.«

Ach, jenes groß gewachsene Mädchen.

Vielleicht war auch sie das Kind einer Überlebenden, die vergewaltigt worden war und dann in Ungnade gefallen und vertrieben. Und das Leben war anderswo weitergegangen, nun stand das Ergebnis vor mir. Mit dem Gesicht und dem Gebaren eines schüchternen Jungen, dem man schon gesagt hatte, er sehe aber wie ein Mädchen aus. Sie hätten ihm aber auch sagen können: Du siehst schön aus! – Aber der Mensch war nicht so, er liebte es, seinesgleichen zu quälen, erzählen Sie mir nichts von Kindern! Wie dann alle lachten – und das Opfer sollte auch noch mitlachen, und zwar am meisten. Das war ein Attentat auf dieses Leben, und ich war mir sicher, dass unser Besuch bis zum heutigen Tag im Herzen dieses Mädchens, das lieber ein Junge gewesen wäre, fortwirkte und weiterbrannte. Sie könnte sich vielleicht noch genauer erinnern an jenen Tag als ich, daran, was sie auf der anderen Seite ihrer Augen sah.

Ich gehörte nie zu denen, die »Was soll's!« sagten.

Schon längst wieder unterwegs zwischen den ersten Giraffen und Gazellen des Tages, ging mir immer noch dieses Mädchen in meinem Kopf herum.

Und was war jetzt mit diesem Mädchen? Wie war es mit ihr weitergegangen, nachdem wir davongefahren waren und sie ihrem Schicksal überlassen hatten? Dieses Mädchen, das wohl als anders galt – selbst im Schwarzwald hätten wir mittlerweile »lesbisch« gesagt, schon in den Schwarzwald war dieses Wort derart vorgedrungen, dass selbst der für so etwas anfällige Mensch nicht mehr erröten musste, wenn er jenes Mädchen sah, das wie ein Junge aussah. Und wie jetzt Freddy, mein Fahrer, der wie ein Herrenmensch in seinem Jeep mit mir zur Seite gefahren war, und die Kinder und die Hühner und anderes Getier mussten schnell zur Seite, wie dieser prachtvoll schwarz glänzende Freddy dann von seinem erhöhten Platz und mit einer goldenen Uhr und dem linken Unterarm auf dem geöffneten Seitenfenster die Eingeborenen anherrschte, zu denen er mit mir aus der Stadt angefahren kam, wie einst die Kolonialbeamten, und wie er sich über dieses Kind lustig machte, das mit seiner dunklen Stimme, fast so wie Odetta, als sie »Sometimes I feel like a motherless child« sang.

Und alle lachten, auf die tödliche Frage hin, ob sie überhaupt ein Mädchen sei oder vielleicht etwas ganz anderes.

Und ich erinnerte mich an Natalie, die ich gerade auf dem Friedhof bei der Beerdigung meines Vaters getroffen hatte, das heißt: beim anschließenden Leichenessen, es gab schön ausgebackene Wiener Schnitzel. Wie sie mich mit ihrem »Bist du auch da!« begrüßt hatte, die zu mir »Du warst so ein süßer Junge!« gesagt hatte, Natalie, die etwa zehn Jahre älter als ich war und meine Kindsmagd, mein Kindermädchen also war, gewesen war, die sagte es dann schon in der neuen Sprache, als sie im vergangenen Jahr vor mir stand, im Löwen: »Du bischd so en li-ebe Bua xai!« – Ja, und nun war derjenige, der sich am wenigsten daran erinnern konnte, ein fast schon alter Mann geworden, der immer noch »ich« sagte.

Und Odetta sang immer noch »Sometimes I feel like a motherless child«. Das war seit dem Besuch der Heiligen Drei Könige, im Stall von Bethlehem, im Jahre 1. Und wie sie das Kind sahen und sich mit ihren Geschenken von fernher vor ihm verneigten. Das war in einem Pasolini-Film gewesen, der »Das Evangelium nach Matthäus« hieß. Und das war auch im Film der Schlusssatz: »Ich werde bei Euch sein bis zum Ende der Welt?« Also ganz in meiner Nähe?

Die Momellafarm fanden wir nicht. Es könnte aber auch sein, dass es Freddy, für den an diesem Tag noch einiges auf seinem Programm stand, verhindern wollte.

Ach, ich hätte weinen können, weinen müssen – warum weinte ich nicht?

Ach, als wäre es nur eine Kurzgeschichte.

Ich müsste all meine Kurzgeschichten erzählen.

Und ich hätte nun auch vom Schmerz darüber sprechen wollen, dass damals die Zukunft meine Sehnsucht gewesen war, so wie nun die Vergangenheit mein Heimweh. Als läge auch mein Leben fast schon hinter mir.

Ich war nun schon ganz nahe am Kilimandscharo.

Und dann auf meiner ersten Safari … ich gebe es zu: Ich machte mir nichts aus diesen Elefanten.

Nicht einmal die Geschichte von Freddy imponierte mir, wie sich ihm eine Elefantenoma in den Weg gestellt hatte und versuchte, ihn mit ihrem Rüssel zum Abgrund hin zu bugsieren. Das war schon zur Zeit der Walkie-Talkies, so dass zu seinem Glück die Rettung rechtzeitig eintraf und die Elefantenkuh erschoss. Was sie mit den Stoßzähnen aus Elfenbein gemacht haben, weiß ich nicht. Das hätte ich Freddy auch noch fragen müssen.

Statt der Momellafarm folgte nun die Fußwanderung. Die Momellafarm hatte ich aber noch nicht aufgegeben … Widerwillig lief ich dann auch dem Ranger hinterher, bei dem Freddy mich abgesetzt hatte, um das Tagesprogramm abzuarbeiten, denn da stand »Fußwanderung am Mount Meru«, der sich bald aufs schönste vor mir zeigte, wie zwischen Immer und Nie. Mein Ranger sollte mich mit seinen geladenen Gewehren zwischen den wilden Tieren hindurchführen, den harmlosen Giraffen und Gazellen und was es sonst noch gab. Die gefährlichsten seien aber die Büffel, sagte er mir. Es war ein weiterer Stop-over an diesem dritten Tag meiner Reise.

Wenn er nicht so schön gewesen wäre, wie er mir zu

sein schien, hätte ich sagen müssen: Ich schleppte mich
mit meiner Baumwolltasche, die ein großes Schweizer
Kreuz zeigte, diesem Ranger und Menschen hinterher,
der in einer Kaserne lebte und seine Frau und seine Kinder nur einmal in der Woche sehen durfte, der mir seine
Knochen zeigen wollte und die jüngsten Spuren von Löwen und Elefanten und all ihre »Exkremente«, auch so ein
Wort, das ich noch ekliger fand als »Scheiße«. Und ich
dachte eigentlich an nichts anderes als an einen schönen
Platz, von dem aus ich über die Affenherde, die Zebras
und die Giraffen und wohl auch dieses und jenes im Busch
lauernde Tier hinweg zu meinem Berg hinüberschauen
könnte, und vor allem: an meine Zigarre, für die mein
schöner Ranger eine Stelle gefunden hatte, unmittelbar
an einer Quelle, die an jenem Abhang in eine Bergwiese
hineinsprudelte und bald zu einem Bach geworden war.

Und nun fragte ich mich selbst: »Sagten Sie nicht, Sie
hätten keinerlei Lust verspürt, ganz oben zu sein? Oder
einmal einen Löwen eigenhändig zu erlegen oder mit zwei
Elefantenzähnen nach Hause zu kommen?«

»Gilt Ihre Frage meiner Reise zum Kilimandscharo,
oder meinen Sie auch noch sonst etwas, mein Leben, zum
Beispiel?«

Ich dachte aber nun schon das erste Mal an eine Ab-
stiegsgeschichte, und da fiel mir als Erstes – lachen Sie
nicht! – Rex Gildo ein. Der am Ende aus dem Klofenster
in den Tod gesprungen war. Wohin schon, als in den Tod.
Die Meute hatte dafür bezahlt, sich über diesen Verrecker
zu amüsieren, ihn und sein Leben auszulachen. Er sollte
für die Meute »Hossa Hossa« singen, sie wollten etwas

sehen für ihr Geld, sie wollten sich amüsieren und lachen und sehen, wie es da mit einem bergab ging.

Ja, es war nun so langsam wieder Zeit, in Richtung Ithaka aufzubrechen …

Auf der berühmten Insel selbst war ich ja noch nie gewesen; denn es genügte mir vorerst, sie einmal im Jahr und Jahr um Jahr auf der anderen Seite meiner Augen im Ionischen Meer liegen zu sehen. Ja, auch meine Augen konnten ebenso Hände sein, mit denen ich überallhin kam.

Ich wollte mit der Reise noch etwas warten. Und ich freute mich schon jetzt.

So schaute ich auf der Rückfahrt mit Freddy schon etwas in Richtung Sommer voraus. Für den ich auch eine Einladung zu einem Event auf Schloss Sayn mit Gespräch über Gott, Heimat und Heimatlosigkeit zuzeiten der weltweiten Fluchtbewegungen in meinem Kalender stehen hatte. Und auch schon den Flug nach Preveza, einem Militärflughafen, der unweit des Acheron gebaut worden war, auf jenem versandeten Gelände, das einst Schauplatz der Schlacht von Aktium war, wo einer als Sieger hervorgegangen war, Augustus, und die zwei anderen vom schwimmenden Schlachtplatz weggeflohen waren, und zwar in die Geschichte, ja, so verschwand Cleopatra mit ihrem Geliebten.

Als ich dann von Freddy wieder in die African View Lodge zurückgefahren worden war, blieb mir nichts anderes übrig, als mich erst einmal an den Pool zu legen. Wo ich die Tatsache verkraften wollte, dass ich eines meiner drei Hauptziele nicht geschafft hatte. Und auch das Martyrium jenes Kindes und das Gelächter der Mehrheit hatte ich für den Rest dieses Tages in meinem Ohr.

Auch in der African View Lodge, zurück am Swimmingpool: jenes Kind. Das ich nun mitnahm, bis zu dieser Stelle hier.

Wie auch jenes Kind, das ich auf dieser Liege nun auferstehen sah vor mir, jenes Kind, das ich einmal gewesen war, war ja auch nur eines von vielen, die Generation um Generation jenes Unglück am eigenen Leib erfuhren, dass sie nicht waren wie die Mehrheit der anderen: War es ein Glück, dass ich nicht wie Onkel Adalbert leben musste, und wenn sie leben wollten, nur der Tod auf sie wartete, wie heute in Saudi-Arabien, dem Iran und Brunei, also privilegierten Freunden dieses Landes, das nun schon seit Jahren mit seinem Grundgesetz auftrumpfte, zweifellos: Die Würde des Menschen ist unantastbar, das war ein schöner Satz, so schön, schöner ging es nicht. Es war ein unantastbarer Satz.

Dieser späte Nachmittag war eigentlich zum Ausruhen vorgesehen gewesen. So stand es im Programm. Ich las da »Heute Nachmittag werden Sie die Seele am Pool der Lodge baumeln lassen.«

Die Liegen am Pool sahen wie überall aus.

Ein Tippfehler machte sogleich »die Lieben« daraus.

Als hätte es sich bei meinem Leben um einen Tippfehler von irgendjemandem gehandelt. So als hätte jemand nicht aufgepasst, und aus dieser Nachlässigkeit wäre ich geworden.

So, und nicht anders.

Als müssten mir jene leidtun, die mich nicht haben wollten. Und wäre es auch nur »um sich haben« gewesen.

Und mir taten jene leid, die nichts für mich konnten. Die auch nichts dafür konnten, dass ich nicht so war, wie ich hätte sein sollen. Sie, die zu etwas ganz anderem geworden waren als das, als was sie gedacht waren … auf dem Weg durch die Zeit.

Eine weitere Möglichkeit statt »die Liegen« wäre »die Lügen« gewesen. Ich wäre von selbst darauf gekommen. Es bedurfte der Rechtschreibmaschine nicht, die diesen Zusammenhang herstellte.

Auf meiner bequemen Liege, da überschlug ich die Welt: Von der Peitsche zum Elektroschocker. Vom Galgen zum elektrischen Stuhl. Vom Giftcocktail zum Giftgas. Vom Giftpfeil zum Napalm. Von der Steinschleuder zur Präzisionsdrohne. Vom Wurfgeschoss zur Wasserstoffbombe. Vom Frühstücksei zur Materialschlacht. Vom Zweikampfmesser zum Kampfbomber. Vom archaischen Schicksal zur modernen Todesnull. Von der Apotheose zur Auslöschung. Und mich wunderte es am meisten, warum es Menschen gab, die da keinen Zusammenhang herstellten, etwa vom Waffenexport zur Flüchtlingswelle. Zu den Menschen, die vor diesen Waffen zu uns geflohen waren und weiterflohen. Das musste eine kollektive Schizophrenie sein. Und der Mensch blieb bei seinem Fortschritt auf der Strecke und wurde von ihm am Ende zur Strecke gebracht. Der Kampf der Systeme, die wissenschaftliche Erklärung der Welt. Der Mensch am Abrund, sorry: Abgrund.

Die List des Darwinismus mit seinem programmierten Ende.

Das Wort »Krematorium« hätte auch aus dem Wortschatz genommen werden müssen. Das Wort »Gas« auch. Ach, der 1. September 1939. Von meinem Vater wusste ich, dass es ein schöner Tag war, und sie schon in den Hafer fuhren. So schön war der Sommer von 1939 gewesen.

Vielleicht war es für manchen aufmerksamen Zeitgenossen das erste Anzeichen einer Perversion, dass ich mich nicht über einen Panzer unter dem Christbaum freuen konnte, nicht über den Werkzeugkasten, jenen Spielzeugkasten, der in Christbaumnähe vor mir zu liegen kam, mit dem ich die ersten Maschinen hätte zusammenbauen können und spielerisch in die Tötungszubehörwelt hineinwachsen. Und nicht mitmarschieren wollte. Auch nicht die Runden im Kreis in der eckigen Turnhalle entlanggejagt werden; und das machte den Spitzenpolitikern nichts aus: Sie haben es nicht einmal bemerkt. Mitläufer nach oben durch alle Instanzen.

Und dann lag ich schon am Pool mit der Kölnerin in der African View Lodge, einem schönen Platz, von dem aus wir beim Sprechen zum Kilimandscharo hinüberschauen konnten. Und die Aussicht auf ihn brachte mich vielleicht doch etwas zu sehr ins Reden. Was mir auch gar nicht so schwerfiel. Sie war in der Zwischenzeit mit ihrem Mann und ihren zwei Töchtern, was ich zunächst gar nicht bemerkt hatte, mit ihrem Pool-Equipment in die Reihe hinter mir gekommen.

Der Mann und die Kinder waren bald wieder gegangen. Und für eine schöne Stunde lang kamen wir in ein Gespräch »in allen Farben«, wie Tante Mausi immer sagte, die ich jetzt nicht mehr fragen konnte, was sie damit eigentlich sagen wollte.

Und dann war sie weg.

Vielleicht war es auch wegen meines Plans, von dem ich ihr erzählt hatte, an Macron einen Brief zu schreiben. Mein Brief an Macron in Zeiten der Seuchen und Fluchten, der Klimakatastrophe und des Brexits blieb ein Gedankenspiel, wie das meiste, was ich so trieb. »Meinen Schatten können Sie auf jenem Bild mit dem Kilimandscharo dahinter sehen ... «, hätte ich nun einem zukünftigen Bildbetrachter sagen können. Und sie war weg. Wieder einmal, so würde es sich herausstellen, war es »für immer«. Wie schon so oft: für immer. Und ich wunderte mich darüber, was für ein Tier der Mensch war. Er schien alles hinzunehmen, selbst das nicht Hinnehmbare am Montagmorgen, bevor es hell wurde um das Finsteraarhorn.

Ich hatte sie am Ende wahrscheinlich doch eher gelangweilt, und dann war sie weg. »Ich gehe mal«, zum Mann und den Kindern, die längst gegangen waren.

Bis später!, sagte sie. Als wäre dies wie eine sichere Verabredung zum Abendessen.

Und dann konnte ich mir noch einmal alles durch meinen sogenannten Kopf gehen lassen, unsere ganze kurze Gemeinsamkeit jener Stunde am Pool.

Und und und wenn ich Gelegenheitsstotterer nicht weiterwusste, hatte auch ich zum Satz »Sie wissen schon« gegriffen. Und weil ich meiner Swimmingpoolpartnerin die Ehre des Expertinnenwissens hatte erweisen wollen, wohl »Sie wissen Bescheid« gesagt. So etwas sagte ich aber nur in bester Laune, wenn ich mich einmal, was selten geschah, in Gott und Welt hineingeredet hatte. Aber dann! Gewöhnlich war der Hauptsatz, den ich vor allem mir selbst sagte, da mein Leben schon an ein Selbstgespräch grenzte: Ich weiß es nicht. Das war der am wenigsten prestigeträchtige Satz in der Welt der Instantexperten, die schon im Voraus jeden Toten zu verhindern gewusst hätten. Über Facebook organisiert …

Ich: der Experte im Nichtwissen. Oder sollte ich lieber sagen: im Nichtbescheidwissen? Und schon jetzt wusste ich, dass mich mein Rechner für dieses Wort mit einer roten Schlangenlinie bestrafen würde.

Wir waren auch auf die Pyramiden gekommen und an die Reiseziele, die wir schon hinter uns hatten, schließlich war diese Frau auch schon fast in meinem Alter. Ja, die Pyramiden. Mir fehlten sie noch.

Als wäre ich wie Don Juan unterwegs gewesen mit Leporello, und wie der aus seinem Katalog vorsang. Nur waren es bei mir eher Sehenswürdigkeiten wie Städte und Berge und Weltwunder als der Mensch in zweierlei Erscheinungsform.

Ich hatte bei der Kölnerin, die zunächst viel von ihren Weltreisen zu ihrem Onkel nach Mexiko und zu ihrer Tante nach Poona erzählt hatte, keineswegs auftrumpfen wollen, als ich ihr mit meiner bisher einzigen Weltreise kam, das war 1984, von New York nach New York in östlicher Richtung. Erste Station: Jerusalem. Und ich sollte auf dem Weg vom Flughafen Ben Gurion bei Tel Aviv hinauf nach Jerusalem im Bus den Psalm 122 auf Hebräisch vortragen: Jerusalem, wenn ich je dich vergessen sollte und nicht zur höchsten meiner Freuden erheben, dann …

Da hatte ich auch die Hauptdarstellerin aus »Killing Fields« kennengelernt, noch ein Film, der vergessen ist.

Die Pyramiden. Mir fehlten sie noch. Ja.

Eine solche Weltreise mit einer Komplettumrundung von einem, der es die ersten Jahre von Stalltürchen zu Stalltürchen geschafft hatte und von unserer Haustür zu unserer Kirchentür: So etwas hatte sie noch nicht in ihrem Portfolio. Es stand aber auf ihrer Agenda, sagte sie. Ich hatte den Eindruck, dass sie mir gar nicht zuhören wollte, dass sie meine Geschichte von den Ming-Gräbern und der Audienz beim Patriarchen von Konstantinopel ärgerte, von dem sie vielleicht über mich, der im Prinzip auch nicht mehr wusste als sie, zum ersten Mal hörte.

Und es schien mir wie einst bei meinem Freund Henry nun umzukippen: wenn der nämlich unruhige Kreisbewegungen mit der Hand auf den Oberschenkeln machte und zwar im gegenläufigen Uhrzeigersinn, welches auch die Richtung des Universums und der kleinsten Teilchen, der Atome, war, die um sich selbst kreisten, im gegenläufigen Uhrzeigersinn – vielleicht hatte ich alles auch nur falsch verstanden …

So schien mir nun die Kölnerin mit ihren Augen in Richtung Swimmingpool flüchten zu wollen. Bei Henry sah ich diese Kreisbewegungen gegen den Uhrzeigersinn immer dann, wenn er etwas nicht ertragen konnte, was in Satzform aus meinem Mund kam, zum Beispiel, wenn es um meine Thesen zu Luther ging. Dann kam er immer mit seinem Schlusssatz »Darüber müssen wir einmal ganz ausführlich sprechen!«, was so viel hieß wie »Komm mir niemals wieder damit!« – So weit war das Gespräch mit der Kölnerin noch nicht. Aber so weit schon: dass ich ihnen wieder einmal mit Dingen kam, die keiner hören wollte. Ich tröstete mich damit, dass es dem großen Don Quichotte auch schon so gegangen war.

Zunächst hatten wir noch geschwärmt, hatten wir im Prinzip noch gemeinsam geschwärmt.

So wollte ich mich mit meinen Erzählungen zurückhalten und mich aus der Erzählung heraushalten, wie es ein anständiger Erzähler tut. Und schon gar nicht wollte ich den Vorwurf hören: »Musst du denn bis zuletzt ewig auf das erste Mal zurückkommen?«

Dann aber kam ich leider auf Dinge zu sprechen, die der Mensch lieber bei sich behält am Swimmingpool. Ja, erste Male gab es viele. Und das stand alles am Anfang meiner Erzählreise, vom ersten Schnee und der ersten Erdbeere und dem ersten Schwalbennest an, von der ersten Schwalbe, die kam und ging, und wenn ich nun aufschaute, sah ich vielleicht die sechzigste Generation vor mir herfliegen.

Bis ich diese Inge kennenlernte, hatte ich nur Inge, die Frau von Justus, kennengelernt, und als Erste Ingelore Schwichtenberg, die mir im Kindergarten »Die Katholiken lügen. Alle« an den Kopf geworfen hatte, es war ein ökumenischer Kindergarten. Und wenig später, in der Schule, war es dann die blonde Inge aus »Tonio Kröger«, die Tochter von Doktor Holm – vielleicht war vom Autor dieser schönen Novelle aus Inge, dem blonden Dänen, eine deutsche Inge gemacht worden, »erinnerungsweise«, ich weiß es nicht. Aber meine Inge wollte sich mit mir nun ernsthaft über ihr schon gekauftes Friedwaldbeet streiten …

Ich wollte meine Träume in Schach halten, die vergeblichen wie die unvergeblichen. Und ihr nichts mehr davon erzählen.

Wie auch immer: Ich war auch an jenem Pool mit Kilimandscharoblick mittlerweile zu einem Fremdkörper geworden. War ich es nicht immer schon gewesen? Als Kind, dann in der Schule, dann in der Politik. Ich ließ mich als Kommunist beschimpfen, da ich bekannt hatte, die Grünen und Petra Kelly gewählt zu haben. Doch damit war es seit ihren Bomben auf Belgrad aus.

Es sollte meinen Erzählfluss nicht stören, und so wichtig war es nun auch wieder nicht, dass ich nachschaute und die Daten überprüfte, ob dies 1974 oder 1975 gewesen war, das war nun mit Hilfe von Smartphone und Wikipedia möglich. Ich wusste nur noch, dass es im Sommer gewesen war, was mir dann wieder am Swimmingpool der African View Lodge einfiel, genau da, da, an dieser Stelle der Geschichte, mochte ich meiner Kölnerin als solcher, die ja auch geübt im Reden war, schließlich als Phantast vorgekommen sein, der schon überall gewesen sein wollte, selbst beim Papst.

»Die roten Khmer brachten von 1975 bis 1979 rund zwei Millionen Menschen um.« Sie schien sich an meinem Wort »rund« nicht zu stören. Da war ich schon von München nach Rom gezogen, und dann, in der letzten Phase des Khmer-Terrors, studierte ich an der Universität Freiburg und hatte auf dem Weg zur Mensa an den Ständen des KBW vorbei die Megaphone der Agitatoren gehört, in der Schlange auf dem Weg zum Mensaförderband.

Arme Inge.

Als wollte ich ihr nun in einem Kurzdurchlauf mein Leben erzählen, meine große Gleichzeitigkeit.

Ich kam derart ins Reden, dass sie mich für einen Politiker auf Wahlkampftermin halten mochte, der von zwei Fragen hätte drei Fragen beantworten können. Und keine Frage von all meinen Fragen hatte sie mir bisher gestellt.

Das Thema war, wo wir schon überall gewesen waren, und auch: wo wir noch hinwollten, denn die Zeitbombe tickte. Auch während wir gelebt hatten und herumgefahren waren. Und was in derselben Zeit auf der Welt geschehen war. Und was wir sozusagen »hautnah« erlebt hatten.

Da fiel mir zuerst Biafra ein, dann der Sechstagekrieg und vorher schon die Landung in der Schweinebucht, die Angst vor den Atombomben, die sich wohl, je mehr es von ihnen gab, anscheinend in Nichts aufgelöst hatte. Und damit die Angst dem Nichts am nächsten kam. Nicaragua, Chile, Grenada … und dann in nächster Nähe die Millionen Toten von Ruanda, eigentlich nur ein Katzensprung von unserer African View Lodge entfernt … Der Flugzeugabsturz der Präsidentenmaschine, die Toten von Ruanda, und die Wörter Hutu und Tutsi waren schon wieder so sehr vergessen, auch in meinem Kopf, dass ich nicht einmal wusste, wie man diese Wörter schrieb.

Das Weltgericht der UNO endete wie das Hornberger Schießen. In Arusha, dem Hauptquartier aller Kilimandscharofahrer.

Ja, diese Toten lagen nicht auf unserer Agenda, ich kannte kein einziges Schicksal und hatte nur vage das Bild einer Machete im Kopf, mit der eine Frau in einer Kirche von einer anderen Frau abgeschlachtet wird.

Und ich dachte an meine Mutter, »die selbst beinahe von einem Tiefflieger abgeschossen worden wäre, doch der zielte daneben, was die Bedingung der Möglichkeit meiner Existenz war«. So wollte ich es, was die Bedingung der Möglichkeit meines Lebens war, nun, sorry, etwas altphilosophisch altklug verbrämt hinzufügen. Und wie dieselbe Frau, einst mit mir und ihrem Mann auf Sizilien, in der Nähe von San Pietro, wo es geschehen war, sagte: Ach, Liebling, es ist doch so schön hier. Können wir nicht etwas anderes hören?

So etwas durfte jenem Menschen, der auch nur ein Überlebender war, ruhig zweimal einfallen.

»Im Lauf meines Lebens habe ich Angst vor den Menschen bekommen«, sagte ich wie nebenbei vor mich hin. »Das verstehe ich nicht«, sagte meine Kölnerin schon etwas ermuntert wie Menschen, wenn sie »das verstehe ich nicht« sagten und mir zu verstehen geben wollten, dass es Unsinn war, was ich zu sagen versuchte.

Auch hatte ich einen Friedenspreisträger und Psalmendichter, den ich verehrte, sagen hören, dass in Nicaragua das Wort »Revolution« ein schönes Wort sei. Aber das, was unweit des Victoriasees geschehen war, hatte ja nichts mit Revolution zu tun, sondern mit Menschen, von Adam und Eva an, und schien mir dem recht zu geben, was ich in meinem mündlichen Abitur im Fach Biologie als Hauptthema gewählt hatte: Evolutionslehre, Darwin, der geschrieben hatte, dass das Leben ein Struggle for Life sei und ein Survival of the Fittest, so hatte ich es auswendig gelernt, was auf den ersten Blick zweifellos stimmte.

Und wie es der ersten Regierung nach Kohl vorbehalten war, den ersten deutschen Krieg zu führen nach dem 8. Mai 1945, das Ziel war Belgrad.

Und all die schrecklichen Bilder hatte ich gesehen, das meiste freilich via Glotze: wie Elena Ceaușescu in ihrem Pelzmantel und Kopftuch aus dem Hubschrauber gezerrt wurde, und ihr Mann schlug sich dabei den Kopf an, doch das machte nichts mehr, denn ein paar Stunden später waren sie tot, und auch dieser Tod war vieles, auch das Ende der Bärenjagden.

Im Herzen der Finsternis unserer jüngsten Erinnerungen lag oder stand aber das Wort »Vietnam«. Darauf war meine Kölnerin gekommen, auf ihre Woche in einem Superresort, wie sie sagte, an der Nordküste, das war noch ein Vorsprung vor mir, dem bei Vietnam sofort unauslöschliche Wörter wie Da Nang und Mylai und Napalm einfielen. Und vor allem: die Roten Khmer …

Es war im Herzen Afrikas. Ich rauchte. Einer der Hauptlieferanten meiner Zigarren war Georg Schweinfurths Großneffe.

»Sie rauchen noch?«, wollte sie wissen, und vielleicht auch, warum.

»Nein, ich habe nichts dagegen.«

»Mein Vater …«

»Lebt er nicht mehr?«

Was dachten wohl die Maoisten von einst, die ja als Alphatiere manches Morgeninterview ab sechs Uhr im Deutschlandfunk bestritten, und gewiss schon ab sechs Uhr die Nachrichten im Deutschlandfunk hörten ... die Landesväter und Staatspräsidenten und Chefideologen der »Welt« und all jene, die ihre Lebenskraft für den Kommunistischen Bund Westdeutschlands eingesetzt hatten, dessen Herz für Pol Pot schlug? Und ich erzählte auch dieser Kölnerin nicht, dass ich mit fünfzehn Jahren mit der Maobibel durchs Dorf gelaufen war, vielleicht, weil ich damit die Welt immer noch retten wollte, vielleicht nur ein, zwei Jahre nach meiner Gebetsnovene für die Rettung Mao Tse-tungs, der damals noch lebte. Auch an seinem einbalsamierten Nichts war ich auf dem Platz des Himmlischen Friedens vorbeigepilgert, das war im August 1984 gewesen ... Hundstage waren es in Peking. Das wäre überprüfbar, sagte ich mir, gewappnet gegen den Vorwurf, dass meine Geschichte nicht wahr sein könnte.

»Es steht alles im Internet!«, hätte ich gesagt. Zum einen hatte mich eine weise Nonne angestiftet, zum anderen ein Lehrer verführt, der gerade von der Universität Freiburg gekommen war und uns nun die Welt im Jahr 1969 erklären sollte. Also schwärmte ich dann für Mao und konnte einige Sätze aus der Maobibel auswendig zotieren, sorry: zitieren. Das Wort »Papiertiger« verfolgte mich immer noch, und ... die Roten Khmer hatten alle getötet, die eine Brille trugen, und Lesen der alten Bücher war auch verboten ... Sagte ich.

Damals hörte ich praktisch nichts vom Treiben der Roten Khmer, eigentlich nur Positives, als ich gerade zwanzig geworden war ...

Und auch am Abend, da der Sechstagekrieg erfolgreich beendet wurde, und ich dann zum Tanz ins Waldhorn nach Krauchenwies ging und immer noch auf die Liebe wartete. Längst wusste ich, dass die Liebe das Warten auf die Liebe war. Diesen Satz zitierte ich in meinem Monolog aber nicht.

Und wie ich im Südkurier danach den Fortsetzungsroman der Tochter von Moshe Dajan gelesen hatte und ich mich hinter meinem Leben verstecken musste.

Es ehrt jene Lehrer, die als junge 68er zu uns aufs Land gekommen waren, um mit uns den »Gesang vom Lusitanischen Popanz« und »La Havana« durchzugehen. Und auch »Sansibar oder der letzte Grund« von Alfred Andersch.

Waren Sie auf Sansibar?

»Nein.« Das war alles, was sie sagte. Und nun hätten sämtliche Alarmglocken schlagen müssen, dabei, schon wieder einen Menschen zu verlieren, mit dem ich am Pool saß.

Ich lebte auf das Abitur hin und hörte in der Schule Wörter wie Vietnam und Saigon und Napalm und Boehringer Ingelheim ... und während wir unsere Texte lasen und im Fach Gemeinschaftskunde Wörter wie Da Nang hörten, brannten in Vietnam die Welt und die Menschen.

Es sollte meinen Erzählfluss nicht stören, dass ich nachschaute und die Daten überprüfte.

1974 oder 1975 sah ich dann auch am Gärtnerplatztheater die Uraufführung von La Cubana, einem Gemeinschaftswerk von Hans Werner Henze und Hans Magnus Enzensberger, dessen zweiter Vorname Magnus in den

Ohren wie eine Nobilitierung klang, anders als Werner. Und ich war unter jenen, die vor allem wegen »Mach doch was, mach doch was unterm Sternenbanner« sprachlich erotisiert waren, ja solche Sätze hatte ein Schriftsteller geschrieben und ein Komponist vertont. Und ich, jener Mensch von einst, war unter jenen, die am lautesten Bravo schrien, wie ich da zum ersten Mal in meinem Leben zwei so berühmte Menschen auf der Bühne stehen sah. Hans Magnus und Hans Werner müssen es gehört haben.

Und wollte ihr – dabei dachte ich nun nicht an jene Inge, mit der ich am Pool saß – mit meinem gerade gefundenen kleinen Reim eine kleine Freude machen, indem ich »Dein Waldtraum, mein Liebesbaum, dein Knie und meine Hüften« und »ich kam, fast schon liebeslahm« vor mich hinsagte.

Und sie machte alles zunichte: »Waltraut reimt sich auf Unkraut«, wieder einmal lachte sie machte sie dachte sie.

Dass er sich an seine Liebe erinnerte und erinnern konnte, ehrte den Erzähler, dachte ich. Und vielleicht ehrte es auch mich, dass ich sie trotz allem noch irgendwie liebte.

Und sie ehrte es vielleicht auch, dass sie mir alles verzieh.

Aus der Baggersee-Inge von einst war nun eine grüne, deutsche Inge geworden.

Ich erinnerte mich beim Anblick dieser Elefantenzähne, wohingegen die Zähne des großen Freddie Mercury ein Gedicht waren, und die des ausgestopften blondmähnigen Löwenkopfs da an der Wand … Ah, ihre Friedwaldträume …

Ja, vielleicht nun schon in Friedwaldzeiten lebend, hatte sie diesen sehr germanischen, grünen Waldtraum immer noch nicht aufgegeben, auch wenn sie sich längst von allem christlichen Anschein und Aberglauben befreit glaubte.

Da käme sie unter ihrem Lieblingsbaum zu liegen, glaubte sie. Und verwechselte ihre Asche mit sich. Mit ihrem Ich. Und glaubte irgendwie, dass ihre Seele irgendwie mit diesem Baum eins würde.

Dass sie eine Seele hatte, bestritt sie nicht, immerhin so viel, dachte ich, das ehrte sie, und der Gedanke beschämte mich, wie ich so über Inge denken konnte.

Und ich hatte schon wieder einen Reim: Waldtraum reimte sich auf Lieblingsbaum.

Das jedoch empfand Inge, nun mittlerweile durch die Genderschulung gegangen, als Frontalangriff auf ihre Würde.

Und dass aus dem Leben Sondermüll geworden war, der zu Asche verbrannt sein wollte: Die Erdbestattungen würden bald vom Erdboden verschwunden sein, sagte ich und stellte somit ganz nebenher auch noch einen philosophischen Zusammenhang her.

Die meisten meiner geglückten Sätze waren ja Spätfolgen irgendwelcher Lesefehler. Von Lesefurcht zu Lesefrucht. Von Schreibfurcht zu Schreibfrucht.

Inge – ich war freilich allein gereist, und so blieb mein Roadmovie naturgemäß frei von jedem Dialogpingpong mit jener Inge.

Arme Inge. Ich hatte nun wieder einmal den Verdacht, dass am Ende ihrer Träume vielleicht alles am Wort »irgendwie« scheitern könnte.

Und die Witwe des Staatsratsvorsitzenden lag nun ascheweise – konnte man bei Asche auch von Liegen und Liegezeit sprechen? – auf einem Prominentenfriedhof von Santiago de Chile.

Die Stadt kannte ich. Da war Luis hergekommen, der vor Pinochet geflüchtet war, mit seinem Schweizer Pass, dann eine Zeitlang in meiner Lebensnähe von Freiburg lebte, Philosophie studierte – einen Vergleich eines Problems, und wie es von Kant und wie es von Descartes gelöst wurde oder nicht ... schaffte er nicht vor seinem Tod.

Da waren die selbsterklärten Atheisten und Heilsbringer erfolgreicher gewesen in der DDR, und das Gesicht des stumpfsinnigen Sozialismus hatte einen Namen für mich: Margot Honecker.

Selbst in ihren Jugendweihen war noch ein heiliger Rest von Wimpeltum.

Ach, die Deutschen.

Die Steine wurden auch hier am Kilimandscharo wie überall auf der Welt samt und sonders für die Herrenmenschen herbeigeschleppt. Die konnten nun auch schwarz sein und gelb und weiß und was weiß ich.

»Auf alten Karten können Sie über dem in Weiß angedeuteten Schnee über dem Kilimandscharo Kaiser-Wilhelm-Spitze lesen.«

Sagte ich der Kölnerin.

Nebenbei fragte sie mich schon wieder: »Sie rauchen immer noch?«

Um nach meiner kleinen Irritation zu sagen: »Reden Sie ruhig weiter!«

Und als ich mich dann wieder gefasst hatte und schon

dabei war, mir »Was soll das Ganze!« zu sagen, machte ich doch weiter.

»Einst hieß dieser Berg, den wir da sehen, Kaiser-Wilhelm-Gedächtnisspitze … Sie kennen die Ruine in Berlin …«, um die Groteske auf die Höhe zu treiben, fügte ich dieses »Gedächtnis an Wilhelm den Großen« ein …

»Heißt er Wilhelm der Große?«

»Das wusste ich nicht … Interessant.«

Das Wort klang aber aus ihrem Mund fast so, als hätte es Onkel Adalbert gesagt, wenn er das Gegenteil sagen wollte, kurz vor dem Augenblick, da er das Gespräch beendete.

So hieß der größte sich frei erhebende Berg auf der Welt einst, und die größten Wissenschaftler ihrer Zeit arbeiteten damals am Kaiser-Wilhelm-Institut, ließen sich bezahlen und feiern (Pour le Mérite), und die ersten Nobelpreise landeten alle da. Und es fügten sich schon einst: der Nobelpreis, das Geld, das Dynamit und die Ehre. Spielte es nur deswegen keine Rolle, weil es scheißegal (das Wort, nicht von mir, war in seiner Welt nun eines der geläufigsten) war oder keiner mehr wusste? Die Wissenschaftler, die nun unseren Glauben vom Urknall bis zum Schwarzen Loch belieferten, uns, angeblich zu dumm, um ihre Beweise zu verstehen … hatten damals behauptet, der Schnee am Kilimandscharo müsse das Märchen von Träumern sein, denn so nahe am Äquator könne es keinen Schnee geben. – »Vielleicht müsste nicht nur die Geschichte der Medizin, wo dies offenbar schien, sondern überhaupt die Geschichte der Wissenschaft zugleich als Geschichte der Scharlatanerie geschrieben werden, das alles sagte Onkel Adalbert, entschuldigen Sie!«, sagte ich.

Die Großmeister der Bergsteigerei ließen sich am Kilimandscharo freilich nicht blicken, das war für das Fußvolk, weniger als ein paar Schritte zum Kickelhahn, vom nahe gelegenen Parkplatz aus, bequem zu erreichen in 35 Minuten. Beim Kilimandscharo dauerte es zwar etwas länger, eine Woche sollten Sie schon einplanen! So der Treckingexperte von »That's Life!«, und jedes Jahr gab es Kreislauftote. Doch wer etwas auf sich hielt, verzichtete auf diesen Berg, das war eine No-go-Area, war etwa so wie Kaninchen oder Kleinvieh im Haus von uns Pferdezüchtern. Wenigstens sollte der Name Kilimandscharo in der Bewerbungsmappe eines ernstzunehmenden Outdoor-Zeitgeistgenossen nicht auftauchen, wollte einer seine Kampfgeist-Ehre wahren. »Was? – auf dem Kilimandscharo?« Das war so, als wollte sich einer als Sieger beim Tischtennis im Nebenzimmer des Rotkreuz-Freizeitheims im Siebengebirge oder mit der Minigolfmeisterschaft in der Waschbetonanlage von Überlingen, genannt Promenade, brüsten. Immerhin wusste ich, dass Reinhold Messner Nichtschwimmer war. Oder glaubte, es zu wissen.

So ehrgeizig war ich nicht, überall oben gewesen sein zu wollen wie ein Extrembergsteiger. Sehen genügte mir meist, die Wunder auf der anderen Seite meiner Augen. Mir genügte das Schauen: Das war die Antwort.

Die Liegen am Infinity Pool der African View Lodge sahen aus wie in den Luxushotels dieser Welt, in denen ich in der Zwischenzeit abgestiegen war. Selbst ich, selbst an den Infinitiy Pools liegend, hatte nun den Eindruck, dass es so wie überall weiterging und dass es ein frommer Wunsch der Hinausschauenden war, dass am Ende der

Augenblicke das Meer und die Ferne wie das Leben und der Tod mit einem ewigen seligen Schlaf zusammenfielen.

Frau Madefsky, die kein »Ü« aussprechen konnte, sprach das Wort »Lügen« wie »Liegen« aus. Doch so einfach, wie sich das Epikur oder auch erst seine Jünger gedacht hatten, ließ es sich nicht aus dem Leben davonstehlen.

Und sie war weg! weg! weg!

Am Abend war es dann in dieser Höhe doch etwas kühler geworden. Wir waren ja auf fast zweitausend Metern über der Adria.

So dass ich zum Glück einen Pullover bei mir hatte, wie vom Reiseveranstalter in den Unterlagen geraten. Ich ging zum Abendessen und setzte mich an meinen Einzeltisch. Mein Smartphone hätte ich nur zum Fotografieren mitbringen müssen. Und hatte es auch dabei, vielleicht auch, um zu vertuschen, dass ich allein am Tisch saß. Und ich wartete auf meine Kölnerin, dass sie gleich um die Ecke käme und mich wie bei einem großen Wiedersehen umarmte. Ich wartete lange, über meine drei Gänge hinaus, die hier nichts zur Sache tun.

Hatte sie nicht »bis später« gesagt? In einem Tonfall, als hätte ich Hoffnung schöpfen können, dass wir vielleicht sogar beim Abendessen an einem Tisch säßen. Doch keine Spur von meiner Kölnerin. Schließlich gab ich das Warten auf, der Wein, aus dem nahe liegenden Südafrika eingeflogen, war auch getrunken, und ich prostete mir wieder einmal mit einem »Das war's dann!« zu. Ich sagte mir: »Deswegen bist du schließlich nicht hierhergekommen!«

An der Wand jener Spruch: Wenn Sie die Gelegenheit haben, einmal eine Weltreise zu machen, dann fahren Sie zweimal nach Afrika! Zum Kilimandscharo war ich schon auf dem besten Weg.

Bei der Rückkehr in meine Hütte sah ich dann wieder meinen Smoking, den ich an die Wand vor dem Bett gehängt hatte, auf dass er sich wieder glättete, sah auf dem Boden auch noch die Lackschuhe in den Schuhspannern, denn ich würde vor Bremen nicht mehr nach Hause kommen. Das erschien mir mittlerweile wie ein Witz im Vollbildmodus.

An meinem roten Pullover, der auf dem Bett lag, denn abends wurde es auch in der Kilimandscharogegend etwas frischer, konnte ich ein (wohl totes) Schamhaar, hoffentlich von mir selbst, dachte ich noch, ausmachen, und es wäre selbst noch auf einem Foto, und erst recht auf einem Farbfoto, zu erkennen gewesen, wie das Grau vom Rot, farblich eine gute Kombination, abstach.

Und so etwas will Förster werden! Fiel mir bei dergleichen immer der Satz der Biolehrerin ein. Und außerdem, dachte ich, als ich meine Handschrift des Briefes mit der Einzugsermächtigung an das Finanzamt Schöneberg las und sah, wie schön ich diese Adresse geschrieben hatte: So etwas Schönes hat dieses Finanzamt, das mich nun schon seit Jahren piesackte – das Wort stammte wohl aus den Minen bei Pisak –, nicht verdient, aber vielleicht wusste ich, ein Joint Venture von Inkasso und Schufa-Opfer … auch das wieder einmal nicht so genau. Schon bei meinem Steuerberater kostete es einige Mühe, ihn davon zu überzeugen, dass dies keine Lustreise sein würde, sondern in Verbindung mit einem sogenannten Schreibprojekt stand. Das Zauberwort den Steuerberatern dieser Welt gegenüber war, das hatte ich bald herausgefunden, »Gewinnerzielungsabsicht«. Dieses Wort hatte ich irgendwann aufgeschnappt und dann einmal im Jahr meinem Steuerberater damit aufgetrumpft, als wäre es wie eine Zusammenfassung meines Lebens.

Was bist du für ein Erzähler!, musste ich mich schimpfen. Ein großgeschriebenes I, das wie Eye klang, als wären auch meine Augen zum Schauen bestellt. Es ehrt diese Kölnerin, dass sie es so lange bei mir ausgehalten hat, so dachte ich es im Gehen zu meiner Hütte leicht bergauf.

VIERTER TAG

Kambi ya Tembo, vierter Tag. Mein Tag und meine Nacht im Kambi ya Tembo, im Elefantencamp. So stand es im Programm.

Abermals war ich unterwegs mit Freddy, aber nun sollte ich von Kambi ya Tembo aus mit ihm auf die »große« Safari, um endlich die mir versprochenen Löwen und Elefanten zu sehen.

Die Lodge war prachtvoll gelegen; es stellte sich nur bald als Problem für mich heraus, dass ich außer zwei Amerikanerinnen, deren Zelt weit von meinem entfernt war, der einzige Gast war, und mein Zelt sollte nicht einmal abschließbar sein und konnte mit jedem Messer jederzeit durchschnitten und von einem Raubtierzahn jederzeit durchbissen werden. Und einen Zaun um das Gehege gab es auch nicht. Warum sie mich außerdem im hintersten Zelt untergebracht hatten, wusste ich auch nicht. Vielleicht rächte es sich jetzt, dass ich beim Veranstalter darauf bestanden hatte, das Zimmer mit der schönsten Aussicht auf den Kilimandscharo zu bekommen. Das hatte ich nun davon.

Ich war also auch im Safarizelt wohl das Gegenstück zu

den Helden wie Schweinfurth und Humboldt und all den anderen, die seit Jahrhunderten ganz abenteuerlich unterwegs waren, du Hasenherz.

So musste ich mir beim gemeinsamen Abendessen reichlich Mut zutrinken?

Allerdings lag das Camp noch ziemlich weit von meinem Berg entfernt, zu Fuß wäre ich mindestens drei Tage unterwegs gewesen bis nach Machame, jenem Ort, der gar nicht auf meinem vom Veranstalter zusammengestellten Programm stand, zu dem ich aber insgeheim unterwegs war.

Die zwei Frauen kamen aus Seattle, was mich sofort begeisterte. Und ich dachte auch schon an die Nacht, dass ich nicht ganz allein wäre.

Die zwei Lesben aus Seattle – sie nannten sich selbst so – hatten auch keine Flugangst. Und keinerlei Flugscham. Sie schienen, nach eigenem Bekunden, angstfrei zu leben. Ich tröstete mich mit meiner Flugangst, zum Beispiel, indem ich mich daran erinnerte, die Feststellung gemacht zu haben, dass die intelligentesten Menschen meines Lebens kein Flugzeug bestiegen, und diese Entdeckung mehr als genug in Umlauf brachte: die intelligentesten … aber woher wusste ich das? War ich noch eins drüber?

Ach, Seattle! Sie dachten wohl, es wäre wegen des Films oder wegen Boeing oder wegen Bill Gates. Es war aber wegen Mark Tobey. Ich hätte ihnen auch noch sagen sollen, dass es sich bei Tobey um den Lieblingsmaler meines Lebens handelte, über den ich auch noch ein Buch schreiben wollte, das »Mein Leben mit Mark« heißen sollte.

»Is this your friend?« »Ja«, sagte ich.« Und es besteht

nicht die geringste Aussicht, ihn noch einmal wiederzusehen.«

So würde es auch einmal mit ihnen sein: Heidi und Caroll: Auch hier gab es nicht die geringste Aussicht für mich, dass ich sie noch einmal sähe in meinem Leben, so wenig wie meine bald dazugestoßene Fotografin mich. Ich wäre aber, da sie sehr professionell agierte, gewiss in alle Ewigkeit in ihrer Datenbank.

Und die zwei Frauen aus Seattle waren mit der Fotografin wohl darin verbunden, dass sie keineswegs bedauerten, mich niemals wiederzusehen. Ja, dass sie nicht einmal an so etwas dachten wie mich, wie ich.

Und die meisten Menschen, denen ich im Lauf meines Lebens begegnet war, verband wohl, dass sie sich nichts daraus machten, dass es so war, wie es war. Das Leben. In dem sie sich einzurichten verstanden, so dass es passte wie ein Schuh oder nicht.

Wir waren die einzigen Gäste.

Ich wusste nicht, was sie hier eigentlich suchten oder wollten, so wenig wie sie von mir wussten, was ich hier eigentlich wollte oder zumindest suchte.

Ich ließ es, zu erklären, dass ich am folgenden Tag den Ort fände, wo mein Maler, der so hieß wie … sie kannten aber Fritz Lang nicht und konnten ihn so auch nicht verwechseln mit einem anderen.

Bewacht und bedient wurden wir von Massai, die sich an die von Wilhelm und seinem englischen Vetter mit dem Lineal gezogenen Grenzen nicht hielten.

In Seattle hatte es auch Eingeborene gegeben, tribes. Tobey hatte auf Indianerpapier seine schönsten Mono-

typien geschaffen … und schon zu Hause am Mississippi
hatte er die Welt erkundet auf den Spuren der Indianer-
höhlen, in die seine Spiele geführt hatten. So dachte ich,
wenn ich an Tobey dachte, sagte es aber nicht. Nachdem
sie mich gefragt hatten, ob das ein Freund von mir sei,
und ich sagte, der sei schon tot, schauten sie mit einem
derart virtuosen »Oh, I am so sorry!« im Gesicht, wie es
nur die blondesten Amerikanerinnen, die es wohl immer
noch gab, vermochten. Und sprachen mir ihr Beileid aus.

Seattle war für mich die Stadt von Mark Tobey und
seinem Spaziergang von oben nach unten mit John Cage,
auf dem Weg zum Meer, da hatte Cage über eine Hand-
bewegung Tobeys den Weg zum Verständnis des Universums seiner Musik gefunden. Seattle verband ich mit Tobey und Cage und mit dieser Geschichte von Capitol Hill
zum Meer hinunter, zum Puget Sound, doch fast hundert
Prozent von allen, die von dieser Stadt wussten, brachten
Seattle mit Bill Gates, Boeing, Jimi Hendrix und »Sleepless
in Seattle« zusammen.

Wir waren bald bei Nine Eleven, und zu den Tatsachen
des Lebens gehörte auch, dass der Mensch sich nicht sattsehen konnte, dass irgendwann auch die grauenhaftesten
Bilder von Nine Eleven auch dem grauenhaftesten Voyeur
langweilig wurden.

Auch sie gehörten zu jenen, die von einem Anschlag
auf ein Hotel berichten konnten, in dem sie erst vor einem Jahr gewesen waren, und diese Geschichte, die noch
einmal aufzuschreiben ich mir hier ersparen wollte, füllte
nun jenen Abend im Herzzentrum der Kambi ya Tembo
Lodge.

So versuchte ich, die aufkommende Nachtangst mit
Mark Tobey und seinen Indianern und schnellem Re-
den und Trinken zu vertreiben, was mein Ansehen in der
Welt, weder bei den Massai noch beim Hoteldirektor aus
Nairobi, mit indischen »Wurzeln«, wie er sagte, noch bei
den Frauen aus Seattle zu mehren schien.

Und das war da, wo die Tische für das Essen und Trinken aufgestellt waren, mit den Flambiergeräten und den
Köchen am Rande dieses Bildes, und von wo man tief in
die Welt hinausschauen konnte – drüben sah ich über eine
gewaltige Ebene hinweg, über die Elefanten und die Löwen und die Massai zu jener Erhebung hin, am Horizont
noch einen herrlich aufragenden Vulkan, als wäre er komponiert wie eine Melodie. Das ist Kenia, hörte ich.

Und bald kam auch noch Barack Obama dazu.

Es schien mir auch fast ein wenig so zu sein, als sollte
ich für diese ungute Grenzziehung, auf die wir hinunter-
sehen konnten, verantwortlich gemacht werden. Dabei
war es doch nur das Lineal eines Kolonialbeamten, das zu
diesen beiden Wörtern »Kenia« und »Tansania« geführt
hatte. Und die Kriegsminister hatten auf ihrem Stabstisch
auch die entsprechenden Spiele gemacht.

Und das Wort »Essen« passte nicht zu dieser Aussicht,
als gehörten Aussichten auch ins Gourmetfach, so wie für
manchen Sammler die Bilder.

Und ich hätte nun wieder einmal scharfe Worte gegen
diese Art von Ästhetik.

Ich schaute tief in die Landschaft, und tief ins Glas, das
kam dazu, um der langsam in mir aufkriechenden Angst
Herr zu werden …

Gegessen war schnell. Die Teller noch schneller abgeräumt.

Die Kellner standen erwartungsvoll da und freuten sich auf ihr Bett in ihren wohlgesicherten Hütten, und das Schönste war nun für mich die Vorstellung, dass diese Menschen nie allein waren.

Sie mussten keine Angst haben. Zeit dafür hatten sie ja auch nicht.

Denn immer wurde etwas geredet oder gemacht. Die Massai zum Beispiel – zu denen sämtliche Männer im Camp gehörten – gingen nur gemeinsam auf Jagd, und so eine Safari stand mir ja bevor, nur dass nicht mehr gejagt wurde. Höchstens mit schwerer Munition zu meinem Schutz, die Pfeile waren nun auch für Touristen, für die sie Krieg und Jagd spielen mussten.

Es war in einer nicht gekannten Geschwindigkeit stockfinstere Nacht geworden. Wir waren ja außerdem am Äquator.

Also ließ ich mich, mit einer entsprechenden Menge an Spirituosen ausstaffiert, zu meinem Nachtlager bringen.

Bei mir war es dieses Zelt, und da und dann konnte ich die ganze Nacht an nichts anderes denken, wie ich eine Ausrede fände, um am folgenden Tag abzureisen. So stand es aber nicht im Programm der Veranstalter, Freddy hatte mich hier abgeliefert, war aber dann einfach davongefahren und hatte mich meinem Schicksal überlassen.

Und wollte mich in zwei Tagen wieder abholen.

Auch hätte ich so einen Tag mehr für den Kilimandscharo.

162

Telefonieren konnten nur die Militärs, die es reichlich gab in diesem Land, das war schon einen Nebensatz wert, by the way … oder anyway, wie Heidi sagte, und dass mich Freddy abholen sollte, wie einst mein Vater mich nach zwei Tagen bei meinen Großeltern … ging auch nicht. Damals war es mein Heimweh, nun war es meine Angst.

Wir verabschiedeten uns nach dem Essen, sie beiläufig, ich existenziell. Mein Massai ging mir mit einer Fackel voraus. Es rächte sich, dass ich zwar einen Smoking und Anti-Brumm mit mir führte, doch keine Taschenlampe und kein abschreckendes Mittel gegen die Gefahren der Nacht.

Das Erste, was ich sah, als ich den Reißverschluss zu meinem Zelt öffnete, war eine schöne, große Spinne, als hätte sie am Eingang des Zeltes auf mich gewartet. Da mein Massai keine Anstalten machte einzuschreiten, griff ich beherzt zu meinem Schuh. Und dann war der Mann verschwunden. Die Lodge hatte keinen Zaun und keine Grenze nach außen hin, sie lag mitten in diesem Usambara-Nationalpark. Innen die Spinnen und draußen die Hyänen … tapferes Schneiderlein!

Da hätten sie mich vielleicht schreien hören, so hoffte ich. Es war mir gesagt worden, oder hatte ich es in meinem Guide gelesen, dass nachts immer jemand wach sei und aufpasse. Doch nach der Kilimandscharoseite kam nichts mehr als die Nacht und all die herumschweifenden Löwen und nachtaktiven Lebewesen, und die Hyänen konnte ich schon hören.

Also lag ich reglos im Dunkel, im Dickicht meiner innersten Geräusche, und hörte die irrsinnigsten Geräusche.

In der Nacht schaute ich sehnsüchtig zu dem Zelt der zwei Frauen aus Seattle hinüber und traute mich nicht, das Schreien zu proben und zu riskieren, dass ich einen Löwen aufschreckte oder eine Hyäne anlockte, die mich gebissen hätte, bevor die Hilfe aus Richtung Seattle gekommen wäre. Nun lag ich sleepless in Kambi ya Tembo, dem entlegensten aller Resorts an der kenianischen Grenze, die mit einem Lineal durch die Landschaft gezogen worden war von Wilhelm und seinem englischen Vetter. Willy wollte den Berg haben. Als wäre es ein Geburtstagswunsch gewesen und ein kleines Mitbringsel, bald hieß der Kilimandscharo Kaiser-Wilhelm-Spitze und war der höchste Berg des Preußisch-Deutschen Reichs und so fort.

Diese zwei Frauen aus Seattle waren richtige Männer, die mich und mein Hasenherz beschämten. Auch hier, im Herzen von Afrika (the Voodoo master … die Nacht, die Trommeln, my heart beating …), wurde mir die Angst vor dem Tod mit dem Blick auf die Statistik ausgeredet und meine Angst zu einer Dummheit umgelogen – ich hörte sie noch in ihrem gar nicht so nahen, mir zu fernen Nachbarzelt lachen, wohl über mich. Ja, der Massai namens Mahai hatte mich mit seiner Fackel in mein Zelt zurückgebracht … das mich nur über einen Reißverschluss vom Außenleben trennte … nicht abschließbar, kein Schloss, kein Riegel.

Es war eine rabenschwarze sternklare Nacht …

Und über mir der Sternenhimmel, zwischen meine Augen und die Unendlichkeit hätte kein Blatt Papier gepasst. Ich aber lag schlaflos und unter meiner Decke, bald schweißtriefend wie das Kaninchen vor der Schlange, und konnte an nichts anderes denken als dies: dass ich eine weitere Nacht unbedingt verhindern müsste.

Am anderen Morgen sah ich als Erstes jenes Zebra, als wollte es »War doch gar nicht so schlimm!« sagen. Die Schlaflosigkeit hatte den Vorteil, dass ich hätte das Morgenrot wecken können … Ich war also schon mit dem Morgenrot aufgestanden und vor mein Zelt gegangen. Und hatte eine Zigarre geraucht, zum Dank für das Leben.

Die zwei Frauen aus Seattle ließen sich beim Frühstück nicht blicken.

Und dem Inder sagte ich nun, ich müsste dringend nach Machame fahren, und nachdem sie erfahren hatten, dass ich auch für die folgende Nacht aufkäme, ließen sie mich – aber ungern – ziehen. Doch an diesem Morgen sollte ich wenigstens noch auf große Safari, und dabei auch noch fotografiert werden!

Die große Safari war von den Veranstaltern als Höhepunkt gedacht, und mein Magazin hatte sich von mir wahrscheinlich eine spannende Geschichte erhofft. Doch sie mussten den Eindruck haben, dass mich das alles gar nicht recht interessierte, so wenig wie der Werkzeugkasten, den ich einst unter den Weihnachtsbaum gelegt bekam. Dass ich mir diese Reise erschlichen hatte. Und ich ihre Zeit und ihr Leben missbrauchte für meine Zwecke. Ich hatte mein Reisemagazin vielleicht hinters Licht geführt. Ich wollte ja nichts als den Kilimandscharo, auf den ich mittlerweile zufieberte. Ihm so nahe zu kommen, dass nichts mehr zwischen ihm und meinen Augen und mir wäre. Und mich selbst hatte ich vielleicht am meisten wieder einmal hinters Licht geführt.

Es sollte außerdem eine Fotografin kommen, die alles fotografieren sollte.

Doch erst gegen Mittag kam auch die Fotografin angefahren. Sie hatte sich um mehr als einen Tag verspätet. Das hatte mich ja überhaupt in meine Schieflage gebracht. Da hatte ich aber meine Safari schon hinter mir.

Wir waren ja schon gleich nach sechs Uhr aufgebrochen, denn bei den meisten dieser Tiere handelte es sich um Exemplare, die nachtaktiv waren. So sagte es auch damals Inge von ihrem Justus. Es war halb Klage, halb Angeberei.

Es war eine Fotografin bestellt, die, wie ich dann sah, komplett verschleiert war und deren ökologischer Fußabdruck durch die jährlichen Wallfahrtsflüge nach Mekka auch nicht besser als meiner war, nein, noch schlechter: Schließlich flog die US Citizen wie die Schwalben zwischen dem Appenzeller Land mit dem Säntis und der Momellafarm mit dem Kilimandscharo ständig zwischen Dallas und Mogadischu hin und her.

Und ja, Sie glauben es nicht: Sie war extra meinetwegen von Mombasa nach Kilimandscharo International geflogen, um mich für das Hochglanzmagazin und die Internationale Tourismusmesse Berlin zu fotografieren, als wäre ich ein Wallfahrtsziel. Und da entdeckte ich mich dann von hinten: Das musste ich sein, kein anderer als ich, dieses weißgraue Etwas in Rund, rund wie ein Fußball oder der Globus, auf dem ich die Welt verfolgte, das war ich, der da zu seinem Bild hinüberschaute, zu seinem Wallfahrtsziel, zu seinem Ziel, das er, wie Moses, nur augenweise erreichte, und alles auf der anderen Seite seiner Augen sah. Was ihm genügte. Und so wenig wie Moses und ich unseren Fuß auf das Heilige Land setzten, so sehr trampelten die Kilimandscharostürmer auf ihm herum. Und ich weiß nicht, wie Moses darüber gedacht hätte, über das, was ich diesen Gipfelstürmern und Kampfgeistern gesagt hätte, dass mir das Schauen genügte. Und ob er, Moses, auch den Kopf geschüttelt hätte über mich.

Sie hätte mich aber bei der Safari aufnehmen sollen; und dabei erwischen, was für ein Gesicht ich machte, als ich den ersten Elefanten, die erste Gazelle, das erste Zebra und das erste Tier entdeckte, das einen wie mich gefressen hätte. Von all den Shots hätte sie vielleicht das beste Foto genommen, also jenes, das den Augenblick meiner Todesangst festhielte. Doch dafür war es nun zu spät. Als wir von der Safari zurückkamen, saß sie mit ihrem Equipment in der Hotellobby.

Die Safari hatte ich immerhin – teils aufrecht in meinem Jeep stehend und hinausschauend, teils hinter einem Massai hertrottend – hinter mich gebracht.

Was ich nun von meiner Safari-Empore aus und auch hinter meinem Guide her auf der anderen Seite meiner Augen sah, war etwas nie Gesehenes, und ganz oben der Kilimandscharo, der Schnee verschmolz mit den Wolken und bildete an mancher Stelle einen scharfen Kontrast zum Himmel. Ich war ja nicht Reinhold-Messner-artig unterwegs, in lebensgefährlichen tagelangen Gewaltmärschen bis zur Kaiser-Wilhelm-Spitze, angeblich freiwillig, nicht wie in Zeiten von »So weit die Füße tragen«, und hielt mich auch von Menschen fern, die mir Stephen King ans Herz legten, von allem Stephen-King-Artigen des Lebens.

Und nun? Gegen Mittag waren wir dann wieder zurück in Kambi ya Tembo, übersetzt etwa: »Da, wo die Elefanten zum Wasser kommen.«

Wir waren lange unterwegs gewesen, ohne etwas zu sehen, was dem Jäger eine Freude gewesen wäre. Und lange war von den Löwen nichts zu sehen gewesen. Freddy fuhr mit zwei bewaffneten Massai ziellos im weglosen Gelände herum, wie ich dachte, ich schaute aber von meinem Platz im Stehen lieber in der grandiosen Landschaft umher, zum Kilimandscharo, wie ich ihn aus den Reisemagazinen kannte. Alles sagte ja, ja, schien ja zu sagen um den Kilimandscharo herum. Alle hatten den Kilimandscharo am Horizont, wie ich auch. Alles war eine große Gegenwart des »Es gibt«. »Ein kleiner Knabe wird Kälber und junge Löwen und Mastvieh miteinander treiben«, wie es beim Propheten Jesaja hieß, »Wolf und Lamm werden beieinanderweiden; der Löwe wird Stroh fressen wie die Rinder.«

Doch siehe … plötzlich … mit einem Mal …

War ich hierhergekommen, um zu sehen, wie eine Löwin an einem Zebra herumnagt und es, das rohe Fleisch, schon bald bis auf die Knochen gefressen hat? Um sich dann auszuruhen … bis zum nächsten Mal …?

Wie kann der Mensch nur auf so ein Wort wie »plötzlich« kommen?

Das unschöne Wort »plötzlich« war noch viel zu wenig: Es war eine einzige Löwin, die ich sah, wie sie das Zebra schon zerfleischt und abgefressen hatte und sich ausruhte von ihrem Mahl.

Der Massai lachte mich wahrscheinlich aus, oder auch er dachte nur, dass ich zu denen zählte, die nicht zählen.

Ich kannte seinen Gedanken nicht, aber ich missbilligte ihn, wie er mich so anschaute. Als wollte ich »Ich bin nicht einverstanden« sagen mit dem Struggle for Life –, und ich war doch gerade deswegen Christ, und nicht sonst etwas oder gar nichts, weil ich nicht wollte, dass die Mächtigen über die Ohnmächtigen triumphieren, die Starken über die Schwachen, das heißt die Stärkeren über die Schwächeren, denn am Ende wären sie alle nichts …

Das war ja nur ein Katzensprung weit von meiner Geschichte, auch einer Geschichte, entfernt. Das war zu meinem Glück, und die Experten und Naturwissenschaftler sagten, das sei die Natur, »Struggle for Life, Survival of the Fittest«. Wir waren Tag für Tag Überlebende, und ich war auch nichts anderes.

Und ich, und kein anderer, sah jene Löwinnen, die in die Herzgegend des Zebras hineinbissen, zuerst gewiss noch in ein lebendes, dann in ein totes Herz. Das war alles, was ich sah. Das hätte aber dem Sultan von Sansibar gefallen, dem Kaiser Wilhelm ohnehin, Erich und Margot auch, und allen, die gerne Filme sahen, in denen das Gute über das Böse triumphierte, also der Starke über den Schwachen, als wäre das der Lauf der Geschichte. Und am Ende auch das Gute über das Schlechte wie in einem Krimi.

Ach, das Hineinbeißen ins Leben, für die Daheimgebliebenen konnte es auch ein Tierfilm sein, der Nicolae und
Elena hieß. Die letzten Aufnahmen zeigen sie im Pelz – im
selbsterlegten?, im Wolfspelz? –, dann wurden sie erlegt.
So kalt war es auf der Welt an Weihnachten 1989, am
25. Dezember, der westliche Verbraucher bekam in jenen
Tagen schauerliche TV-Bilder präsentiert, es waren auch
Fakes dabei, zum Beispiel jene vom Folterzentrum in Te-
meswar ... Jener Schauprozess aber wurde aufgenommen
von den eigenen Leuten, die sich gerade noch rechtzeitig
abgesetzt hatten, um der Welt ihren guten Geist zu präsen-
tieren. Ich sah ja immer alles nur in Auszügen, die Bilder,
die sie für die richtigen hielten, es war aber Weihnachten,
um Weihnachten 1989 herum. Als wären es Bilder aus
einem Tierfilm von Weihnachten 1989: Ich sah, wie die
Kinder der Revolution die Kinder der Revolution, Nicolae
und Elena, noch ein letztes Mal aus dem Hubschrauber
zerrten und dabei am Kopf verletzten, so dass sie bluteten.
Die Platzwunden Nicolaes und Elenas hätten in den USA
eigentlich noch genäht werden müssen, von einem allzeit
bereitstehenden Hochleistungsmediziner, denn dort durf-
ten nur Heile und Gesunde hingerichtet werden. Hier aber
wurde ein kurzer archaischer Prozess mit den Mitteln des
technischen Fortschritts auf der Höhe von Ende 1989 gemacht: So wurden beide vor die Kamera gesetzt, im Pelzmantel und mit Kopftuch, und von Elena, die eigentlich
Lenchen hieß, bleibt mir der Satz »Ich anerkenne dieses
Gericht nicht!« zurück. Und Nicolae vielleicht mit einer
Rolex, das weiß ich jetzt nicht mehr, vielleicht war es auch
eine Patek Philippe, auf der er hätte sein exaktes Sterbe-

datum ablesen können. Es waren die kältesten Weihnachten meines Lebens.

Geraume Zeit später: ich unterwegs im Mietwagen durch die Karpaten, die Reise war schön und bequem, und jeder Reiseführer verfolgte mich mit den tausend Bären, die der Diktator erlegt hatte, als wäre nun alles gut. Das konnte ich sehen, und wie es geworden war in Katzendorf, wo mein nächstes Buch spielen sollte, weswegen ich überhaupt in jenes unvergessliche Land von Siebenbürgen gefahren war, und mein Roman sollte »Die Nacht bei Katzendorf« heißen, so war es mein Plan A. Ach, und all die aufgebundenen Bären in den Köpfen der Mitläufer wollten mir nicht aus dem Kopf.

All die großen Jäger, all die großen Schießbudenfiguren wie schon Wilhelm II. Endete die preußische Geschichte in einem Holzhacker?

Auch Wilhelm II. liebte Tierfilme. Tiere und Tierfilme. Das war noch in der Kinderzeit des Films. Und erst recht im Exil. So weit kamen Elena und ihr Nicolae nicht.

Auch ich sah Tierfilme, liebte sie aber nicht. Da sah ich einst in einem der großen Nationalparks ein Rudel aus Löwinnen und wie sie im Lauf einer Verfolgungsjagd einen Elefanten zur Strecke brachten, der zunächst ganz harmlos an einer Wasserstelle stand. Was wollten schon ein paar Löwinnen gegen ihn ausrichten! Dachte er sich wohl ... Keine Viertelstunde später, der Elefant war schließlich zuerst ganz gemächlich davongegangen, dann getrottet, zuletzt gerannt, umsonst, denn da war die stärkste der Löwinnen hinaufgesprungen, auf seinen Rücken, hatte das Tier im Laufen geentert und erobert, und unten halfen ihre Genossinnen von allen Seiten hineinzubeißen, bis der König schließlich doch erschöpft zusammenbrach, das war's. Vielleicht war es auch nur eine Inszenierung für die blutlüsternen Daheimgebliebenen aus einem der Safariparks, gedreht von den entsprechenden Produzenten und in ihrem Fach von anderen genial genannten Kameraleuten.

Im Reisemagazin wären dann wohl die Bilder zu sehen, wie die Löwin in das Zebra hineinbiss, das schon bald gegessen war, und wie ich dabei schaute, als wäre dieses Leben ein Teil von mir gewesen. Und wie beim Betrachten der Bilder mich abermals ein Schauer beim Wort »Natur« überkam.

Ich weiß es nicht, musste ich mir sagen. So viel weiß ich aber: Auch ich hatte in meinem ersten Leben unter freiem Himmel, die Jahreszeiten entlang, schon vieles gesehen, später auch im TV, das meiste aber unter freiem Himmel von Kindheit an, und nun sah ich abermals, wie eines von uns Kindern der Katze den Schwanz wegschnitt. Das war vielleicht auch schon der Instinkt. Wie einst im Süden von Senegal, an der Grenze zum schönnamigen Guinea-Bissau, zum wohlklingenden Sieben-Vokale-Land. Da hörte ich erst, und dann sah ich es, wie eine Meute ein Tier, das wie ein Fuchs aussah, verfolgte und es unmittelbar neben meinen Augen mit einer Machete zur Strecke brachte, der Sieger bekam wohl einen Leckerbissen mit nach Hause, für die Frau, die etwas daraus machte, längst gegessen und vergessen.

Und nach dem jetzigen Stand der Dinge würde es für

die Sterbewäsche nicht reichen bei mir. Aber bis dahin konnte sich ja noch einiges ändern in meinem Leben, und dass ich noch einmal alles »herumreißen« könnte. Ich?

Auch wenn es in der Gegend am Fuße des Kilimandscharo nicht so aussah, wenn ich mit einem Fahrer namens Freddy im Luxusjeep allein von Lodge zu Lodge unterwegs war und die komplette Mannschaft der Kambi ya Tembo Lodge (*****L) Spalier stand bei meiner Abreise.

»Es war wunderbar, auf Wiedersehen! ... Wonderful ... Good Bye!« So log es aus mir heraus im Glauben, zwei Lügen wären auch in Afrika glaubwürdiger als eine. Doch ich hatte kein anderes Wort als »gerettet!« in mir. Als hätte ich die schlimmste Nacht meines Lebens hinter mir. Und das Ausrufungszeichen war so groß, dass man es hätte hören müssen.

FÜNFTER TAG

Von Kambi ya Tembo ging es nun noch einmal über Land zu meiner letzten Lodge: fünfter Tag, Kilimandscharo Lodge.

Beim Davonfahren – ich machte insgeheim drei Kreuze – hatte es noch einen stundenlangen Aufenthalt an der Nationalparkgrenze gegeben, es wurde viel telefoniert mit Walkie-Talkies, wie ich sie aus der Frühzeit noch kannte. Ich musste hundert Dollar abgeben, doch das war es mir wert, dass ich von hier wegkam, und dann fuhr Freddy, der meine Nacht wahrscheinlich mit den anderen in einer Arbeiterhütte geteilt hatte, vielleicht auch in seinem Auto selbst, das für die Firma mehr wert war als er, schnurstracks und umso schneller auf ungeteerten Wegen, bis wir endlich meine Final Destination erreichten: die Kilimandscharo View Lodge.

Sie hieß wie der Berg, den man von da aus am schönsten sehen konnte.

Und wie ihn Fritz Lang gemalt hatte. Ja, ich war nicht umsonst unterwegs gewesen.

Die Kilimandscharo View Lodge trug ihren Namen zu Recht. Sie wurde von einem Sachsen betrieben, der nicht so aussah, als hätte es ihn hierherverschlagen; vielmehr musste ich mir eine Profitgeschichte, ein Joint Venture aus Geld und Liebe, dazudenken.

Von dieser Lodge, die ganz in der Nähe der Stelle sein musste, wo Fritz Lang sein Bild, mein Bild, gesehen hatte, hatte ich überhaupt erst in der African View Lodge erfahren. Von einer unglücklich verliebt dreinblickenden, freundlichen Deutschen, die mir die Stelle verriet, von wo aus man den Gipfel am schönsten sehen konnte, die mir außerdem sagte, wonach ich sie gar nicht gefragt hatte: Sie bereue nicht, dass sie vor zehn Jahren hierhergezogen sei. Es klang aber wie manch traurige Geschichte der Fernsehserie »Die Auswanderer«, wo zum Bankrott der Imbissbude bald auch noch das Ende der Ehe der gemeinsam Ausgewanderten kam.

Bei meiner Ankunft in der Kilimandscharo View Lodge – die halbe Welt hieß nun Lodge, die andere Hälfte Beach – glaubte ich, endlich!, die Stelle gefunden zu haben, von der aus Fritz Lang mein Bild gemalt hatte.

Der Veranstalter hatte das vielleicht verhindern wollen, schwante mir, verhindern und mich in seine Resorts bugsieren: Die Kilimandscharo View Lodge war nicht darunter.

Also bestach ich meinen Fahrer mit zwei Monatsgehältern, mich von der vorgeschriebenen Route abzubringen, als wäre ich mit einem Führer in Nordkorea unterwegs gewesen. Vielleicht wollten sie nicht, dass ich das Paradies fände, und sie hätten es ganz für sich. Vielleicht wollten sie, dass ich an der Aufgabe scheiterte und mit leeren

Händen zurückkäme und nicht liefern könnte … Kilimandscharo: War es mehr als ein Wort? Und nun waren es Abertausende, die, aus aller Welt angeflogen, da hinaufwollten, auf diesen schönnamigen Berg, Jahr für Jahr. Jedes Jahr gab es Tote.

Doch was ich bei meiner Ankunft als Erstes entdeckte, war ein luxuriöses Safarimobil mit dem Kennzeichen BASEL LAND BL, was mich freute. Das Ehepaar kam aus der Schweiz, aus Riehen, das sehr ländlich tat, und sie schauten so, als müssten sie gleich in den Stall … ja, das waren wehrhafte bodenständige Schweizer, die am Kilimandscharo nicht Hochdeutsch sprechen wollten mit mir. »Lieber Englisch«, sagte sie. Das schmerzte mich nun doch. Zwar hatte ich nach fünf Tagen noch keinerlei Heimweh nach dem Deutschen, und nach dem Hochdeutschen überhaupt nie … Aber ich dachte: Mit dieser mondänen Schweizerkuh sprichst du Englisch. Ihr Englisch hatte einen schönen, schweren Basler Akzent, einen alemannischen, wie ihn wohl auch Johann Peter Hebel gehabt hätte, der Verfasser von »Unverhofftes Wiedersehen« und »Kannitverstan«. Sie waren eigentlich schon in der Abreise begriffen, und ich schien sie mit meiner Freude, dass ich auf zwei Schweizer gestoßen war, aufzuhalten. Jedenfalls schien die Freude nicht gegenseitig zu sein. Von den meisten Menschen, denen ich im Lauf meines bisherigen Lebens begegnet war, erfuhr ich den Namen nie; und wenn sie sich vorstellten, vorgestellt hatten, war der Name oftmals schon am Ende des Gesprächs wieder vergessen. Aber von diesen zwei hatte ich keinen Namen bekommen, vielleicht hießen sie Buser-Bircher. Ihnen auf Englisch zu sagen, dass ich aus dem »Black Forest, Switzerland« käme, ging jedenfalls nicht. So musste »Black Forest« genügen.

Und beide schienen mir etliche Jahre älter als ich: mindestens zehn bis fünfzehn Jahre älter. Wahrscheinlich handelte es sich bei ihnen um das einstige Chefarztpaar des Eidgenössischen Kantonsspitals, Abteilung Unfallchirurgie, ich habe es nie herausgefunden. – Also versuchte ich es auf Pidgin-Englisch … Sie lebten abwechselnd in Namibia, Basel und im Engadin.

Ich fragte sie, noch im Überschwang der Begegnung, nach meinem Bekannten Ludwin Bünzli. Es glückte mir nicht, ihre Sympathie zu gewinnen, die schon beim Lesen eines Romans die Voraussetzung des geglückten Lesens ist, jener »Vorschuss an Sympathie, ohne die eine fruchtbare Lektüre nicht möglich ist«, wie Papst Benedikt in der Vorrede zu seinem Jesus-Buch schrieb.

Vielleicht auch deswegen nicht, weil ich diesen gemeinsamen Bekannten ausfindig machen konnte. Es handelte sich um den Inhaber eines Würstchenstandes auf dem Freiburger Wochenmarkt, der wie die zwei Luxusfahrer außerdem eine Farm in Namibia sein eigen nannte. Der Name dieses zu einem großen Vermögen gekommenen Würstchenstandbesitzers mochte mein Prestige bei diesen zwei Menschen nicht unbedingt erhöht haben. Und ich wurde nun zur Rede gestellt. Es sei in meinem Alter gar nicht mehr gesund, für so wenige Tage so weit zu fahren. Wahrscheinlich war es vielleicht doch kein Unfallchirurg, sondern ein Radiologe oder ein Hellseher. Er hatte ja keine Ahnung, warum ich hier war.

Diese Basler waren mir nun ein weiteres Beispiel, wie

man es recht machte im Leben, wie es Menschen gab, die wussten, wo es langging. Diese zwei Mediziner schienen es zu wissen, die älter waren als ich, die mir sagten, in meinem Alter auf den Kilimandscharo sei gefährlich – ihr Wort war freilich ein anderes. Sie sprachen von »Risiko«, das Wort »gefährlich« führten sie nicht mehr in ihrem Sprachbesteck mit sich. Risiko war nun ihr Hauptwort und so vieler Menschen von heute, eigentlich ein Trick der Mediziner: ein juristisch abgesichertes Wort, um sämtliche Risiken auszuschalten und sich so aus der Verantwortung und aus dem Leben ihrer Patienten davonzustehlen.

Als ich ihnen sagte, ich sei zum Kilimandscharo gefahren, nicht, um ihn zu besteigen, sondern nur um dieses Weltwunder zu betrachten und dabei vielleicht noch an die Verrückten zu denken, die hier unterwegs waren, kam vielleicht noch etwas Verachtung dazu. Da hielten sie mich wohl endgültig für den, der ich war: ein großgeschriebenes I, mehr nicht.

Das Schauen genügt mir!, sagte ich in Ausrufungszeichenstärke. Bei der Schweizerin jedoch hatte mein Satz kein Gehör gefunden und war vielleicht Auslöser gewesen für ihre Erkenntnis, dass ich nicht der Richtige war für sie. Für sie und ihren Mann. In dieser Richtung war sie noch »old Europe«, indem sie immer noch »mein Mann« sagte. Caroll hatte aber auch »mein Mann« gesagt und damit Heidi gemeint. Vielleicht war es aber auch nur, um Grenzen abzustecken, und zwar doppelt. Sie wollte nicht, dass ich ihr zu nahe käme. Und auch ihm sollte ich gefälligst nicht zu nahe kommen.

Unschlagbar war ich im Kombinieren möglicher Sätze und Einwände in fremden Köpfen gegen mich.

Im Kombinieren falscher Zusammenhänge. Das verband mich wieder einmal mit Don Quichotte. Und nun stellte sich meine Fahrt als ein Nachstellen eines Kapitels des spanischen Weltraumfahrers nach innen heraus. Sein Verfasser hatte auch einiges erlebt, ich durfte aber jenes Leben nicht über meines stellen, denn das wusste ich von den Rettungsvorschriften von jedem Schiff – und wäre es von dem kleinem Ausflugsschiff gewesen, das zwischen Kladow und der Pfaueninsel verkehrte oder zwischen Radolfzell und der Roseninsel –, dass es zuerst um das Leben ging. Und dann um den Rest, und wären es Habseligkeiten gewesen, zu denen mittlerweile auch Bücher wie Don Quichotte gehörten. Die mittlerweile wie manche Naht- und Nachtstelle der Weltliteratur auf dem Misthaufen landeten, heute war es Biomüll.

In die Gesellschaft zur Rettung Schiffbrüchiger war ich schon früh eingetreten, lange bevor ich zum ersten Mal das Meer, es war bei Cuxhaven, gesehen hatte. Es war ein Abziehbildchen für mein Album gewesen, die schönen Marken waren eines meiner Sammelgebiete gewesen, und mein guter Lehrer musste mich schon in der zweiten Volksschulklasse davon abhalten, dass ich für diese schönen Bildchen – nachher waren es Tobeys – das Geld aus der Haushaltskasse meiner Mutter nahm, die darüber so wenig Übersicht hatte zeitlebens wie ihr nachgeborenes Kind, das sehr früh »ich« sagte. Nein, Herr Stengel musste mir diese Ankäufe verbieten, so wie auch Frau Burth im Kolonialwarengeschäft, als ich bei ihr Rabattmarken kaufen wollte, noch eines meiner Sammelgebiete mit acht Jahren. Später kamen die Menschen hinzu?

Sie dachte vielleicht, dass ich doch nicht so gescheit war, wie meine Mutter behauptete. Und Herr Stengel dachte sich wohl als einer der Ersten, dass mit mir etwas nicht ganz stimmte. Don Quichotte und ich, wir zwei. Zählten zu jenen, die nicht zählten. Die den Satz »Es muss sich rechnen!« nie verstanden. Und doch …

So etwas wie ich hatte es trotz allem hierhergeschafft.

Ich hatte gehört, dass einer der Kulis prophylaktisch für den Body Bag zuständig sei. Jede Trekking Group sei mit mindestens einem Body Bag ausstaffiert, den die armen Kilimandscharo-Scherpas auch noch bis zum Gipfel hinaufschleppen müssten.

Vielleicht, so dachte ich es, war ich auch nur hierhergekommen, um die Menschen in den Lodges zu beobachten, die unterwegs zum Kilimandscharo waren, wie ich sie auch in einem Dokumentarfilm gesehen hatte, der die jährlichen Toten nicht aussparte. Und ich sah auf das Reisegepäck, das von den überlebenden einheimischen Kontraktkulis nun für die Reiseveranstalter aus aller Welt hinaufgeschleppt würde wie dann auf dem Rückweg auch noch zusätzlich die Leiche herunter, und mir taten die Menschen leid, die bis dahin so ortlos unterwegs und unterwegs gewesen waren. Und da fiel mir wieder der Perserkönig Xerxes ein: »Artabanos sah den König weinen und sagte: Eben warst du noch glücklich, und jetzt weinst du. Da antwortete Xerxes: Ich weine, denn in hundert Jahren wird keiner von ihnen mehr da sein.« Und er dachte wohl am meisten an sich, den Einzigen auf der Welt, welchen er niemals auf der anderen Seite seiner Augen zu Gesicht bekam, es wäre denn in einem vergoldeten Spiegel gewesen, über dessen Qualität der Wiedergabe ich auch nicht nachdenken musste. Oder es gab noch ein ruhiges Wasser in Quellnähe, in dem sich Narcissos – oder wie er hieß – wiedererkennen konnte.

Und nun hätte auch ich über sie weinen können, all die Trekker und Kilimandscharo-Kampfgeister, oder auch nur den Kopf schütteln.

Leute laufen hier rum … So hatte es einst auf jener Schiffsbank eine alte Emigrantin zu mir gesagt, die sich aus Berlin für den Rest ihres Lebens nach Boston hatte retten können, als sie auf dem Schiff das papageienartige Publikum aus Provincetown erblickte. Darunter einen Franziskaner in Kutte mit einer Art Kälberstrick um den Bauch … So etwas hatte sie noch nie gesehen. »Leute laufen hier rum.« Mir ging es nun so, als ich diese Art Himmels- oder Gipfelstürmer erblickte.

Einige versuchten es wohl auch mit dem Mountainbike.

Ich sah ihr ganzes Outdoor-Equipment … die Welt war ihnen ein einziges Outdoor-Gelände … wie sie schon beim Verladen mit ihren Handgriffen wussten, wo es hinging, gleich fuhren sie durch das Tor, das freilich wie jedes Gebäude durch Schranken und ihre Wärter gesichert war, durch einen Schlagbaum, gesäumt von einem Affenbrotbaum und einem blühenden Flamboyante, der sich bei meinen Fahrten als mein Lieblingsbaum herausgestellt hatte. Und statistisch gesehen kehrten die meisten zurück. Und mir fiel das alte lateinische Sprichwort AVE CAESAR, MORITURI TE SALUTANT … »Die sterben werden, Caesar, grüßen dich!« ein, als ich sie davonfahren sah, mit ihrem ganzen Outdoor-Equipment, mit ihren professionellen Mienen, ja, Romantiker waren diese Leute von heute nicht mehr, nicht einmal mehr Abenteurer, meine tropentauglichen Zeitgenossen in ihrem Outfit der neuesten Generation, sie waren Profis, und ihre Reisen gehörten nun dem Leistungssegment an, und das Leben schien ihnen ein Leistungssport zu sein. Gerne im Rudel. Und im sportlichen Wettkampf. Nach dem Preis-Leistungsverhältnis. Kilimandscharo-Utilitaristen. Alle im Prinzip darwinistisch. Ich sah sie, und sie hätten mich sehen können, einen Zurückbleibenden und Zurückgebliebenen, oder bildete ich mir etwa ein, kein zurückbleibender Zurückgebliebener zu sein? AVE CAESAR, MORITURI TE SALUTANT, Tod, wir grüßen dich. Die hochinfektiöse Maul- und Klauenseuche, Kronzeugin mancher Virologen, die wenig später die Theologen in der Welterklärung ablösen sollten, hatte ich auch überlebt. Ich hätte mein erstes Beispiel eines Überlebenden sein können, hätte ich damals schon von der lebensgefährlichen Tatsache gewusst, die das Leben war und sein würde, bis zuletzt. Bis es so weit war. Sagen wir, seit der Maul- und Klauenseuche in unserem Haus, mit seinen Absperrungen um unser Anwesen herum, mit seinen Schildern, auf denen ich zum ersten Mal das Wort »Lebensgefahr« sah, und zum ersten Mal ein solches Fremdwort lesen lernen konnte, und zum ersten Mal auch einen Totenkopf sah. Die ausgegrabene Katze zählte nicht.

Mit einem der Kilimandscharoexperten hatte ich ja am Vorabend ein paar Worte gewechselt, und er, ein Durchblicker, hatte es ebenfalls völlig ausgeschlossen, dass ich es noch nach oben schaffen würde, auch er im Irrglauben meiner Absichten und in Unkenntnis meines Lebens. Meine Zigarre hat er aber doch genommen, das war ein echter Verzicht, denn meine Vorräte waren überschaubar geworden schon am dritten Tag. Es war auch eine Verächtlichkeit, eine Geringschätzung dabei, es lohnte sich nicht, mir aus dem Fenster zu winken, der Blick ging ins Leere. So fuhren sie davon in Richtung Kilimandscharo, in Richtung Last Exit Kilimandscharo. Sie waren aber doch nur Mitfahrer und dann, den Berg hinauf, Mitläufer.

Sogleich war ich von fast allen geduzt worden, als wäre man unter sich, als wäre auch ich gemeint. Vor allem von den Kampfgeistern und Outdoor-Sportskanonen. Aber eine entsprechende Nähe stellte sich nicht ein. Dieses Du klang nur so, als wäre ich gemeint. Ich war aber nur wie aufgerufen und an die Wand gestellt oder in eine Ecke, wie damals im Kindergarten und in der Schule.

Nachdem auch diese Trekkinggesellschaft davongefahren war, blieben in der Lodge jene Frau, die zu mir gesagt hatte, dass sie es auch nicht mehr schaffte, zurück, und ich. Hatte ich ihr denn gesagt, dass ich da auch hinaufwollte wie die anderen, die wir durch das Lodgetor hatten hinausfahren sehen? Ich bemerkte, wie sie, diese unerschrockene, vielleicht leicht freche Frau, die vielleicht noch Kriemhild hieß, die mir stolz ihren Schwerbehindertenschein zeigte, als wäre es zum Beweis, dass man es auch so bis zum Kilimandscharo schaffen konnte, mit ihren Augen immer mehr einen kleinen Schritt zur Seite ging. Und spätestens als ich in meinem Kopf bei dem Satz »Jedes einzelne Leben, noch so klein und unbedeutend, ist die Welt« angekommen war, wusste ich, dass auch sie mich zu denen zählen würde, die nicht zählten. So, wie ich da saß und schaute. In ein Gespräch kamen wir zwar nicht. Aber so viel wusste ich, dass der Satz stimmte, den ich dann sogleich in meine Sprachen zu übersetzen unternahm. Zuerst versuchte ich es mit Englisch: »She counted me to those, who don't count.« Mit diesem Satz konnte ich schon gar nichts werden in der Welt. Und mit dem anderen auch nicht. Der Satz war in alle Sprachen übersetzbar und tatsächlich auch schon übersetzt worden: Ogni singola vita, per quanto piccola e insignificante, è il mondo. Oder kilimandscharogerecht: »Every single life, however small and insignificant, is the world.« Oder auch auf Portugiesisch: »Toda vida, por menor e por mais insignificante que seja, é o mundo.« Das war ich. Da fiel mir auf, dass auch »significant« in allen Sprachen, mit denen man etwas werden konnte, heutzutage, gleich war, ein Wort aus dem Tech-Zubehör der Psychologen und anderer Utilitaristen, statistikkompatibel. Und ich, dazu kleingeschrieben, dachte: »Ja, reimt euch nur alles zusammen!«

Mittlerweile waren auch sie, meine zwei Basler, davongefahren, hatten mit ihrem weißen Lack ein elegantes Wendemanöver mit Hilfe des Bordcomputers geschafft, und spätestens jetzt wäre es wieder einmal eine Frage wert gewesen für mich, warum denn alle Campingfahrzeuge dieser Welt weiß waren?

Auch sie zählten mich wieder einmal zu denen, die

nicht zählten für sie. Und ich zählte mich wieder einmal zu jenen, die nicht zählten für sie. Und vielleicht war ich doch ein alter Egoist, der keiner sein wollte. Und so sehr Egoist, dass ich es niemals erfahren würde.

So ließen sie mich unverrichteter Dinge zurück – ich war nicht der Richtige für sie. Sie hatten sich wieder einmal nicht getäuscht, sagte sie ihm vielleicht von der Beifahrerseite aus, gleich um die Ecke, den schönen Weg durch den Palmengarten hindurch, an den Hütten mit den hauseigenen Gräbern. Es lohnte sich nicht für sie, von mir enttäuscht zu sein. Es war im Herzen von Afrika, und gerade da … Und nun? Was hieß leben? – Denken hieß wohl: aus dem Wald herausfinden. Oder auch nur: herausfinden wollen. Das hatte ich mittlerweile doch herausgefunden. Und dass Träumen einfacher als Denken war: dies auch.

Und ich dachte mir einen neuen Titel aus für das alte Buch:

Kilimandscharo

oder

Die Reise nach innen

Ein Bericht

Aber so etwas käme ja für meinen Verlag, der auch an die Leser denken musste, nicht in Frage: Reise nach innen … Verglichen mit Alexander von Humboldt und seinen auf Außenwirkungen bedachten weltstrategisch angelegten Unternehmungen, war das nichts, und ich neigte zum Verschwimmen, und kaum etwas kam weniger gut an bei den Leuten, als so etwas wie ich, bei den Leuten, die unterhalten sein wollten und abgelenkt vom Leben. Von den größten Exhibitionisten ihrer Zeit, die sich sehr geschickt hinter ihren Sätzen auf der Höhe ihrer Zeit zu verstecken und in ihnen zu tarnen wussten.

Bei der Blutsuppe – es war eine Milchblutsuppe – der Massai hatte ich auch versagt. Verglichen mit Alexander von Humboldt und seinen Tagen.

Aber vielleicht hatte er auch etwas geschwindelt, und er war kein solcher Masochist, der es liebte, wenn er Stromstöße vom Zitteraal bekam oder getrocknete Insekten aus einer blutigen Hand zu fressen, als wäre er ein Kind geblieben. Rituale der Kindheit: Hieß das: »Ich blute, also bin ich«? Das gefiel mir aber noch besser als »Ich schreibe, also bin ich«.

Ach. Humboldt mit seinen Werkzeugen. Humboldt in den Salons. Humboldt … Er wäre gewiss von Andy Warhol signiert worden auf Acryl wie Marilyn und Mao … Bald wären hundert Jahre Bauhaus zu feiern. Und 250 Jahre Humboldt mit seinen zerschlissenen Schuhen.

… Dagegen Don Quichotte und ich, ein Trottel, der mit Smoking und Lackschuhen unterwegs war, das heißt: herumsaß, ja, ich sah mich herumsitzen zu Füßen des heiligen Berges, das heißt: untätig hinausschauen, keinerlei Anstalten, etwas Großes zu tun und tun zu wollen, ich hatte keinerlei Kampfgeist! Mein Leben und meine Reise wie ein weiteres Kapitel aus dem Leben eines Taugenichts, dem das Herumliegen und Hinausschauen genügten, dem beides ein »fast wie Glück« war. – Untätigkeit war wohl die Todsünde der Darwinisten. Das hatten sie sich, wie das meiste schon Darwin, bei den Calvinisten abgeschaut.

Ich war nach Darwin und seit Darwin nichts als ein nicht überlebensfähiger Irrtum, eine Chromosomen-Aberration, die seine Beobachtungen bestätigte. Also nicht geschaffen für diese Welt. Das sah ich wohl auch hier auf dem Weg zum Kili-Gipfel, den ich mit meinen Augen ja auch erreichte: dass Darwin recht hatte: Es war überall gleich auf der Welt: Struggle for Life – Survival of the Fittest.

»Moment mal!«, rief nun wie einst in der Schule der Frechste nach vorne: »Sollte dies nun die Lebensbeschreibung einer Tomate sein? Bist du nicht ganz schön nach oben gekommen??? Bist du nicht einer von ihnen und einer von uns? Ein Überlebender wie wir alle? Für sechs Tage zum Kilimandscharo fliegen, sich über die Welt aufregen und dann weiter für einen Smokingabend ins Parkhotel nach Bremen? Du bist mir ein schöner Zigarrenraucher.« So brachte es dieser Advocatus Diaboli wieder einmal so weit, dass ich, ein überholter, vorerst überlebender Weißhaariger, der Enttäuschteste und Enttäuschendste von allen war, und am meisten war ich es von mir selbst.

Die Sonne, in einer Katzensprungdistanz vom Äquator entfernt, würde ja auch am Kilimandscharo bis zum Jüngsten Tag immer an der gleichen Stelle und immer um die gleiche Zeit untergehen, als wäre das schon ein Stück Ewigkeit. Es hätte schon sein können, dass mich das irgendwann gelangweilt hätte.

So saß ich, wie Gott mich geschaffen hatte oder nicht. Ja, das Licht der Welt. Und dann die Hebamme mit ihrer Schere an der Seite meines Geburtshelfers, die nicht einmal mehr lachte, als ich weinte. So sehr war das alles Routine geworden.

Nun war es Abend, und ich dachte, dass es gut war so. Ich saß auf meinem Frontporch und sah aus einer Distanz, die Klarheit schafft, dem nächsten ankommenden hell erleuchteten Safaribus zu. Wie einer nach dem anderen ausstieg, ausschließlich Männer, und es sah so aus, als wäre es nun ernst, als wüssten sie, wohin. Und am Fuß des Kilimandscharos angekommen, wüssten sie bestimmt schon jetzt, was zu tun wäre. – Sie erinnerten mich mit ihrem Safarikinn an jene Feldherren und Schlachtexperten, denen der Krieg auch nur eine Art Kampfsport war (wie der Fußball in darwinistisch gebändigten Friedenszeiten) und der Kilimandscharo eine Outdoor-Experience.

Ob sie auch Anzeigen wie ich erhielten? »Umschulden in drei Minuten«, »Günstige Gehhilfen und Treppenlifts«, »Uschi wartet immer noch«, »Du bist nicht allein heut Nacht«? Ich wusste es nicht.

Ich war einer von denen, die immer noch solche Post bekamen. Einer, der immer noch und ständig, wenn auch unverlangt, Mails bekam, die mit »Ihre Kreditanfrage« begannen, konnte es sich nicht mehr leisten, dass er sich mit der Welt anlegte.

S'i' fosse foco, arderei 'l mondo … Wäre ich Feuer, brennte ich die Welt an, so hatte es Cecco Angiolieri aus Siena gedichtet, Ende des 13. Jahrhunderts, und so machte ich mir wieder einmal einen Reim auf das, was nicht zu reimen war, und tatsächlich: Da hast du wieder einmal einen Reim gefunden, ja, *hinzusummen und zu verstummen* war fast schon ein Schüttelreim …

Und ich staunte, dass es immer noch lebte und arbeitete in meinem Kopf, ich, einer, von dem wahrscheinlich auch die Herrmanns, mit denen auch ich schon lange nichts mehr zu tun haben wollte, sagten, dass es sich nicht mehr lohnte, ihn zu besuchen oder zu empfangen, ja, dass es sich nicht lohnt, dass wir uns für ihn frisch machen. So sagte es wohl auch Inge. Und umgekehrt war ja auch in keinem anderen Kopf als meinem diese Idee aufgekreuzt, dass es sich nicht mehr lohnte, sich zu duschen für die Herrmanns dieser Welt, sich frisch zu machen. So wenig war aus mir geworden.

So einer war ich, zu so einem war ich geworden: zu einem, für den es sich nicht zu duschen lohnte, hey Joe! … where you goin'. Da stimmte etwas nicht. Und doch!

Was mir verblieb, waren meine Augen und der schöne Rauch meiner Zigarre, wie er im Himmel verschwand.

Wie schön war es aber, hier zu sein! Auch ich wäre nun nirgendwo anders lieber gewesen als hier.

Mit dem Kilimandscharo auf der anderen Seite meiner Augen.

Dabei war ich noch vor zwei Wochen schon so weit gewesen abzusagen, als ich hörte, dass in den Safari National Parks selbst in den Lodges absolutes Rauchverbot bestand. Bis ich den Aschenbecher auf dem Frontporch der African View Lodge sah bei »Booking.com«: Das war die Rettung. Zu meiner Rettung. Ich bat also meinen Organisator, alle jene Lodges herauszunehmen, in denen das Rauchverbot bestand. »Ich flieg doch nicht zum Kilimandscharo, um mich auch noch dort mit militanten Nichtrauchern herumzuschlagen!« Die mit ihrem »Rauchen führt zum Tod«

auftrumpften? Wussten sie nicht, dass das Leben und alles zum Tod führt? Leider waren gerade unter diesen Sportsgeistern die militantesten Nichtraucher, als wäre es eine Glaubensfrage, und mein Raucherleben eine Absage an ihr lebenslängliches Gesundheits- und Ertüchtigungsprogramm, das als Vorzeichen wohl »Fit for Fun« hatte. Immerhin herrschte beim Tod und beim Rauchen eine Art Gleichberechtigung, auch der Geschlechter, wenn auch nicht ganz, denn hier konnte mir kein Wissenschaftler die Tatsache erklären, warum die Frauen bei der sogenannten *durchschnittlichen Lebenserwartung* (noch so eine monströse Vorstellung, die ich zwar täglich hörte, aber nie so recht verstand) die Männer gleich um mehrere Jahre übertrafen. Da stimmte etwas nicht. Aber ich wusste auch nicht so recht, was nicht stimmte.

Und wieder einmal konnte ich dem Treiben zusehen, das ich selbst hier am Kilimandscharo, wo ich an nichts anderes denken konnte als dies: angekommen zu sein, den ganzen Tag hatte sehen müssen und ihm nichts entgegenhalten als meine Zigarre und den Rauch und meine Augen, die alles sahen, und das war mehr als genug. Ach.

Wie sie wohlgerüstet ihre Safarimobile bestiegen. Wie sie sich aufmachten, und am Ende würden ihre Füße auf dem Kibo stehen wie auf einem Besiegten. Und dass dies manchem Climber immer noch nicht genügte. Er wäre erst ganz oben angekommen, wenn die Bergkreuze verschwunden wären, die ihn immer noch um ein paar Zentimeter überragten. Und ich zurückblieb.

Ja, da war noch ganz schön viel Aggressionspotenzial! Hätte nun mein niemals aufgesuchter Psychotherapeut gedacht. Da stimmte etwas nicht. Und wie sich Asche zu Staub verhielt, konnte mir auch keiner sagen. Und ich staunte, mit wie wenig der Mensch zufrieden war. Ich war einer von ihnen. Schlafen musste ich auch noch, bald schlafen gehen, denn am anderen Tag sollte mich Freddy zurück nach Kilimandscharo International bringen.

Doch jetzt rauchte ich noch einmal die letzte Zigarre des Tages, und dabei empfand ich wieder einmal, dass ich dem Leben nie näher gekommen war als jetzt, da ich meinem Rauch auf der anderen Seite meiner Augen hinterhersehen konnte, wie er mit dem Himmel eins wurde und in ihm verschwand. Und fand (noch ein letzter Reim …) abermals auch hier den Weg zurück in meine Hütte, in mein Leben, legte mich wieder ins Bett, löschte das Licht, schloss die Augen und hörte noch eine Weile meinem Atem zu.

SECHSTER TAG

Auch am sechsten Tag war ich aufgewacht, ohne jegliches Zutun meinerseits.

Ich war wie immer eingeschlafen und aufgewacht.

Am sechsten Tag, die Nacht davor war auch nur leidlich gewesen.

Vor dem Gecko hatte ich keine Angst haben müssen, dass er mir zu nahe käme oder gar über mich herfiele. Glaubte ich wenigstens.

Der Gecko war gegenüber den Hyänen und Nachtgespenstern ein Kinderspiel.

Wieder einmal war ich sehr früh aus dem Bett getrieben worden. Vielleicht war es auch wegen meiner täglichen nächtlichen Albträume? Und außerdem:

In der Nacht, die meinem Rückflug vorangegangen war, wurde ich wieder einmal durch dieses und jenes Albtraumbild gequält, durch eine wirre Folge von Traumsequenzen, welche auch Bremen und die anstehende Eiswette betrafen.

Dies war mein Albtraumklassiker: Ich werde auf ein Schafott gezerrt und hingerichtet, und meine Freundin

Christl ruft von unten zu mir herauf: »Bitte blamier mich jetzt nicht!« Doch dieses Mal, in der vergangenen Nacht, war dieser Klassiker afrikanisch-bremisch-eiswettenartig koloriert: Ich sollte bestraft werden für das kolonialistische Treiben der Preußen, die auch am Fuß des Kilimandscharos immer noch mit den Deutschen gleichgesetzt wurden. In mir die Angst, der Behn-Elefant könnte gleich auf mich losgehen und mich vernichten für all meine Untaten eines ganzen Volkes, dessen Stellvertreter ich war.

Es war am Fuß des Elefantendenkmals im Bürgerpark zu Bremen, das für die Helden von der Kaiser-Wilhelm-Spitze errichtet worden war und nun umgewidmet zum Mahnmal für die Opfer des deutschen Kolonialismus. Und schon wurde ich von einer wütenden Menge, die »Hinauf mit ihm!« im Sprechchor skandierte, aus meinem Wagen gezogen, der eigentlich auf dem Weg zum Parkhotel war, im Bürgerpark zum Stehen gebracht, aus dem Taxi gezogen, das plötzlich in einen Leiterwagen verwandelt war, und aus einem Megaphon hörte ich auch noch »Ho-Ho-Ho-Chi-Minh!«-Rufe.

Der Wagen war nun einer von jenen, die ich aus den Revolutionsfilmen auf dem Weg der Marie-Antoinette zum Schafott kannte, es war ein verdreckter, mit Viehstroh ausgelegter Leiterwagen aus Holz, und da wurde ich nun herausgezerrt, und schon war ich auf ein Gerüst, das zu Füßen des Elefantendenkmals aufgestellt worden war, hinaufgezogen.

Angeführt von der Kölnerin und den zwei Schweizern und mit Hilfe zahlreicher Büttel, die auf mich einschlugen, andere bewarfen mich mit faulen Eiern und Tomaten auf meinem Weg nach oben. Die meinen bis dahin nie getragenen Smoking, die Lackschuhe und auch meine Fliege trafen, und als Witzfigur lachte die Welt über mich. Und die andere Hälfte hasste mich, bis ich endlich hinaufgezerrt war, und Freddy band mich auf dem Schafott fest, für die letzte Reise, auch wenn es nur mit meinem Kopf sein würde. ARD und ZDF übertrugen live von der ersten Reihe. Und ich sah mich zuoberst auf dem Schafott angekommen und hörte wildfremde Deutsche heraufrufen, wie sie abwechselnd »Rübe ab!« und »Blamier uns nicht!« skandierten, und ich im Smoking und Lackschuhen, um den Hals jene Fliege, die auch bald zweigeteilt hinunterrollen würde, und ich hörte schon das Fallbeil auf mich herabstürzen, vermischt mit den Blamier-mich-nicht!-Stimmen, das hörte ich als Letztes, und wachte auf in dem Augenblick, als es mich traf.

Und hörte noch eine Zeitlang mein Herz schlagen, bis ich die Augen öffnete und zuerst diesen Koffer sah – und an der Wand hing der Smoking … der den Traum ausgelöst hatte, denn im Schlaf waren ja die Augen gelegentlich auch offen und verwandelten das Gesehene auf ihre Art. Und ich sah, dass ich in einem fremden Bett und in einem fremden Zimmer lag, und mich zog zusätzlich hinab, dass ich einen irrsinnig langen Tag vor mir hätte in den Flugzeugen und Transitzonen dieser Welt.

Zum Schlafen kam ich nun nicht mehr.

Doch dann sagte ich mir: Gerade recht, dass du den Sonnenaufgang nicht verschläfst!

Es war noch stockfinster, denn in Äquatornähe muss man sich immer gleich lange Nächte dazudenken … Was tun? Immer hatte es geholfen, wenn ich mich auf den Weg ins Bad machte und danach zuerst einmal rauchte. Und das tat ich dann auch, in vorausschauender Rücksicht auf meine Flugnachbarn.

Immerhin war ich nun frisch geduscht. Wenn ich auch zu einem solchen geworden war, für den es sich nicht zu duschen lohnte, ein Joint Venture aus Schlaflosigkeit und Albträumen.

Ja, die Nacht. Und eine Atemlosigkeit begleitete mich nun fast schon von Anfang an, sie war der rote Faden meines Lebens und Schreibens, ich hätte mich gar nicht erst zum Schreiben hingesetzt, wäre ich damals nicht überzeugt gewesen, dass es das letzte Buch war.

Ich verbrachte dann den ganzen Morgen und den frühen Nachmittag auf jener Terrasse mit nichts als Schauen. Und ich hatte Glück dabei, denn dieser Berg verhüllte sich oftmals. Er war ein scheuer Berg, wie die Menschen sagten, die ihn etwas näher kannten. Meine Sachen – das, was übrig geblieben war – standen derweil schon reisefertig. Ich wusste: fertig kommt von fährtig, zur Abfahrt bereit.

An diesem sechsten Tag traf ich, leider erst am Ende meiner Reise, also dann, wenn der finale Wanderer »zu spät« oder auf Italienisch »troppo tardi« sagt, jene zwei Südtirolerinnen, die gerade von Sansibar kamen, wo sie die Seele hatten baumeln lassen wollen, als einzige Gäste der Lodge, außer mir, nachdem die zwei Schweizer wieder in Richtung Namibia aufgebrochen waren, wo sie den Winter verbrachten. Nach Sansibar schaffte ich es nicht. Aber da müssen Sie hin! Unbedingt, sagten sie, neben mir, die zwei Südtirolerinnen vom Kalterer See. Und der Berg wurde durch unser Hinaus- und Hinaufschauen auch nicht kleiner. Auch wir sprachen zunächst Englisch wie überall auf der Welt, so, wie es sich für gut erzogen globalisierte Touristen von heute gehörte, denen alles nun »beach« war.

Sie hatten mich auf der hintersten Terrasse dieser hoch über einer dschungelgrünen Schlucht gelegenen Lodge entdeckt – oder ich sie? –, wie ich da herumsaß und schaute wie angekommen. Und so war es ja auch. Weiter und näher kam ich nicht. Die Frauen wollten wissen, warum ich denn hierhergekommen sei. Und wie. Und seit wann. Und für wie lange.

All ihre vielleicht gar nicht so gemeinten Fragen hätte ich ihnen beantworten können außer der einen.

Sie waren vielleicht auch des Glaubens, den Berg zu besteigen wäre das Paradies.

Mir genügte das Sehen, als wäre ich doch ein nichtsiger, nichtsnutziger Voyeur, der sich mit dem Sehen zufriedengab und die Welt nicht voranbrachte. Der sich mit dieser atemraubenden Aussicht auf den Kibo zufriedengegeben hatte. Der sich damit zufriedengab, die Stelle gefunden zu haben, an der mein Maler mein Bild gemalt hatte, das heißt: erst eine Skizze in seinen Malblock.

Und ich sagte ihnen eben, dass ich im Auftrag einer Zeitung – ich nannte ihnen den Namen, den sie aber nicht kannten … Dass ich auch noch ein Buch über das vergebliche Fahren und Don Quichotte und so fort … schreiben wollte und mir vielleicht den Auftrag erschlichen hatte, sagte ich ihnen nicht.

»Für eine Zeitung« ... Das fanden sie interessant, sagten sie.

Eine Studie zu neuen Wörtern wie »Flugscham« ... Und dies für die große Messebeilage der Tourismusmesse in Berlin!

Auf dem Tisch vor mir lag das Kilimandscharobuch von Christof Hamann, der hatte als ersten Gipfel seiner Sehnsucht wohl auch den Säntis gehabt, wie ich, denn er kam vom Bodensee, »wo es auch schön ist«, wie die Südtirolerinnen vom Hörensagen wussten.

Leider habe ich von ihnen kein Foto gemacht, ich traute mich nicht einmal, sie zu fragen, ob eine von ihnen ein Foto von mir und dem Kili machen könnte. Jetzt müsste ich eigentlich eine Suchanzeige aufgeben.

Sie hatten Sansibar schon hinter sich. Denn nun war Sansibar ein Traumziel. Wie der Kilimandscharo auch, Kilimandscharo und Sansibar waren zu Destinations geworden. Beide gehörten nun zu Tansania. Ich hatte Sansibar, noch so ein Wort, noch so ein verheißungsvoller Klang, aber immer mit Eden in Verbindung gebracht. Spätestens seit »Sansibar oder der letzte Grund«, einer Erzählung, über die ich einst einen sogenannten Besinnungsaufsatz zu schreiben hatte. Es war eine Fluchtgeschichte in der Nazizeit, von Alfred Andersch, der in diese ja auch verstrickt war. Ein andermal mehr!

Die Welt ist voll von anderen Geschichten, dachte ich.

Und ich schämte mich für alles und auch mich. Für mehr als alles. Auch für nichts. Alexander von Humboldt war etwas, und ich war nichts.

Und was waren wir schon gegen Goethes Farbenlehre

und all die wichtigen Leute. Humboldt in Paris. Napoleon als Konkurrenz und Neider.

Und er und ich auf unserer Reise nach innen.

Er hatte seine Werkzeuge und seine Strategien, ich hatte meine Lackschuhe und kein Ziel außer der Eiswette in Bremen. Er hatte sein Leben und ich meines. Er eroberte die Welt mit seinem Namen, die für mich ein Käfig voller Narren war. Er war ein Alphatier, und ich war kein Mitläufer, bei meinen Lackschuhen!

Und ich schämte mich … wegen meiner Lackschuhe, wegen meines Smoking und wegen meiner Fliege. Und weil ich nichts machte, als am Kilimandscharo herumzusitzen und hinauszuschauen. Ja, ich schämte mich …

… weil ich nur hinausschaute

… wegen der Welt, wie sie geworden war

… wegen der Klimakatastrophe, und weil ich so faul war

… weil ich geflogen war

… wegen meines verheerenden ökologischen Fußabdrucks

… wegen meines falschen Bewusstseins

… wegen und wegen und wegen

War das jetzt eine alte Beichte?

Oder war es nur Sündenstolz, den ich eigentlich hätte auch wiederum beichten müssen?

Ich schämte mich, faul wie Mörike, als säße ich hier nun auf meinem Frühlingshügel, und mir genügte, was ich auf der anderen Seite meiner Augen sah: diesen Berg, und keinen anderen. Und diese zwei Frauen. Und ich hätte singen wollen. Und du hättest singen sollen.

Wie Mörike auf seiner Hochzeitsreise in den Bregenzer Wald. Das Schauen genügte ihm angeblich, auf seinem Frühlingshügel zu liegen und den Wolken nachzuträumen.

Hier lieg ich auf dem Frühlingshügel:
Die Wolke wird mein Flügel,
Ein Vogel fliegt mir voraus.
Ach, sag mir, all-einzige Liebe,
Wo du bleibst, dass ich bei dir bliebe!

Und ich hätte weinen können, auch weil das dazugehörende Gedicht so schön war, und ich schämte mich, als wäre ich im Bett beim Beten erwischt worden. Schämte mich auch im Vergleich mit Alexander von Humboldt als Welterklärer und erstem Umweltschützer, dessen ökologischer Fußabdruck tadellos war. Jetzt musste ich vielleicht doch umdenken.

Denn ich hatte ja noch einen Auftrag: nach dem Pan Schweinfurthii Ausschau zu halten und meinem Freund von diesem von seinem Onkel entdeckten Tier zu berichten. Möglicherweise ein Selfie zu machen. Von uns beiden, diesem Tier und mir, die wir uns nur einmal in diesem Leben begegneten, und wenn nicht, so würde er mich eher wiedererkennen als ich ihn: Pan Schweinfurthii, die ostafrikanische Schimpansenvariante.

Doch ich hatte wieder einmal, wie so oft, gar nicht richtig hingehört, und meinen Auftrag glatt vergessen, wahrscheinlich schon, als ich die schöne Haustür hinter mir zugemacht hatte.

Egoist ist, wer nicht richtig zuhört. So meine Tages-definition.

Das Holzhaus meines Freundes Johannes und seiner schönen, lebenserhaltenden Sylvia, die, wäre sie ein Mann gewesen, nun gewiss als Kardinal in einer entsprechenden Welt gelebt hätte.

Bei J. war es dieses Holzhaus am Rande eines Hoch-moores, in dem sie lebten und webten und manch heite-res Glas auf das Schöne erhoben, und oftmals hatten wir von jener Terrasse hinter dem Haus hinausgeschaut über einen Hochmoorweiher hinweg, in dem in den vergange-nen Jahrhunderten immer wieder Menschen verschwun-den waren, freiwillig und unfreiwillig, zu den Bergen hin, zu den Schweizer und den Vorarlberger Alpen bis hin an die Grenze der Rätischen Alpen mit Liechtenstein, wo manches Depot verwaltet wurde.

Jetzt musste ich vielleicht doch umdenken.

Denn es gab noch ein Zwischenspiel mit dem Pan Schweinfurthii, und jetzt muss ich noch die Geschichte mit dem gestohlenen Schuh und Smoking erzählen …

Erst am letzten Tag der Reise war ich also wieder auf die Bitte meines Freundes Johannes Kuhn gestoßen, ge-stoßen worden, als ich diese Affen erblickte, die zutraulich vor mir herumturnten, die Bäume hinauf und hinunter. Ich sollte ihm doch berichten und den Pan Schweinfurthii fotografieren.

Es war im Herzen von Afrika, und gerade da passierte es … Ich war aber immer noch nicht über die ersten Sei-ten hinausgekommen. Georg August Schweinfurth, der Großonkel, war 1836 in Riga geboren worden, das damals zum russischen Zarenreich gehörte. Er starb 1925 in Berlin, und nach diesem langen Leben fiel mir das Wort »erst« ein. Seine Studie über die von ihm entdeckten Pygmäen und den Pan troglodytes Schweinfurthii hatte ich auch bei mir. Von den Nazis wurde er dann gefeiert und umgelogen; und ich weiß nicht, ob das auch geschehen wäre, hätte dieser Onkel aus dem 19. Jahrhundert der vermeintlichen Entdeckungen noch gelebt. Oder ob er zu seinem Geliebten nach Ägypten geflohen wäre. Irgendwie tat er mir leid; und auch verwandt mit ihm und seinen Schimpansen fühlte ich mich. Doch diesen Schimpansen gab es auch ohne ihn, die Nilquelle genauso, und auch den Mond und die Sterne ohne Wernher von Braun. Und selbst mich.

Ein solcher Pan t. S. war es wohl, der mir dann den einen Lackschuh stahl, und auch meine Smokingjacke, zuerst in den Flamboyante hinauf, vielleicht nur als Zwischenlager. Und auch er schien mich von dort oben auszulachen und »Tomate!« herunterzurufen wie einst Lore von der obersten Treppenstufe aus.

Also war es aus mit Bremen?

Wie sie es geschafft hatten in mein Safarizimmer, wusste ich auch nicht.

Ja, ich war gewarnt worden, hatte aber die Infos nicht gelesen – wie immer, so wenig wie die Hausordnungen, die Verträge und das Verhalten im Katastrophenfall.

Der Streit mit dem Sachsen konnte nicht ausbleiben. Nachdem der eine meiner Schuhe und auch das Oberteil meines Smokings verschwunden waren und ich meine Sachen dann hoch oben in einem der Flamboyantes entdeckte.

Hätte ich wenigstens gewusst, wie man einen Gästebucheintrag schreibt im Net, dann … Aber so … Aber vielleicht auch zum Glück, denn ich hätte vielleicht infolge meiner Wahrheiten einen Prozess am Hals gehabt, den der Sachse haushoch gewonnen hätte, und ich wäre in Beugehaft gekommen, da ich das Schmerzensgeld in fünfstelliger Höhe nicht hätte bezahlen können, und die tausend Arbeitsstunden in einer Psychiatrie hätte ich mir auch nicht vorstellen können.

Denn in meinem Fall war es vielleicht auch schon so weit, dass ich das Ausbleiben von Unglück schon fast als Glück wahrnahm.

Das Internet funktionierte »tadellos«, wie man in Bremen sagte, im Gegensatz zu jener deutschen Gegend, aus der ich angereist war, und von jener Terrasse aus konnte ich SMS, What'sApps und was weiß ich schreiben.

»heute am letzten tag der eine schuh von affen gestohlen und der smoking den ich in die sonne zum lüften … auch weg … hineingebissen … der sachse der seit ein paar jahren diese lodge betreibt will auch englisch sprechen mit mir

behauptet mein deutsch sei so schwer verständlich … die zwei schweizer wollten auch schon englisch mit mir sprechen … sie hassen hochdeutsch dann lieber englisch … der sachse spricht ja auch ein sächsisches englisch … die affen leben in der tropenwaldschlucht unter der aussichtsveranda unterhalb der lodge und der gürtellinie meiner augen der sachse sagte sie seien eine plage … es handelt sich wohl um den pan schweinfurthii … ich habe es seinem neffen geschrieben … mein smoking hängt nun in einem flamboyante und ist wohl verloren … immerhin blieb mir ein lackschuh … den nehme ich als andenken an wolfsburg und diesen tag in machame nach hause mit … ich versuche ein selfie von allem und mir … nur die fliege habe ich retten können und einen lackschuh … weiß jetzt auch nicht, was aus bremen wird … vielleicht gibt es im hotel einen smokingverleih … ohne ihn komme ich ja nicht hinein … zutritt nur für männer … aber nimmer lang … das bundesverfassungsgericht … «

Von meinem iPhone gesendet

Immerhin würde ich Bremen mit zwei Beinen erreichen oder überhaupt nicht.

Zurück zum Entdecker der Quelle des Blauen Nils:

Die Mutter von Johannes war eine Dotter-Schweinfurth. Georg selbst war ja so ledig geblieben wie Humboldt. Schweinfurth hatte eine prachtvolle Ausgabe seines Hauptwerks »Im Herzen von Afrika« seiner Nichte Elsa gewidmet. Was für ein schöner Titel, der dem wenig geschäftstüchtigen Entdecker aber gestohlen worden war von der Filmwelt, wie mir etwas später, also in meiner Kilimandscharo View Lodge am letzten Tag meiner Reise, der eine Schuh. Beides hatte mich und mein Gepäck beschwert: die Lackschuhe, der eine, der in den Flamboyante hinaufentführt worden war, das Zwei-Kilo-Buch, das ich nicht gelesen hatte bisher: Von ihm wollte der Pan Schweinfurthii, obwohl dort von ihm zum ersten Mal wissenschaftlich berichtet worden war, nichts wissen. Der Schuh war weg. Aber nun hätte ich wenigstens Lesefutter für die Heimreise. Das hatte ich mir wenigstens fest vorgenommen.

Im Herzen von Afrika … Geld hatte es keines mehr gegeben für diesen Megatitel. Denn Hollywood hatte mit der Verfilmung so lange gewartet, bis die Rechte an diesem Titel verfallen waren, das war siebzig Jahre nach dem Tod von Georg Schweinfurth. »Sagen Sie nichts, und sagen Sie nicht, hier sei nichts los in meiner Lodge!« Mit diesem Satz versuchte ich, an dieser Stelle meine aufkommenden Kritiker zu füttern …

Ich hatte meinem Freund versprochen, das Buch seines Großonkels, das zuerst in London unter dem Titel »The heart of Africa« erschienen war – auf Deutsch hieß es dann »Im Herzen von Afrika« –, das er mir schon lange ans Herz gelegt hatte, endlich zu lesen, und wann wäre der bessere Augenblick und Ort gewesen als auf dem Rückflug über den Nil hinweg, an dessen Ufer der Onkel jeden Winter zurückkam, wie die Zugvögel aus Berlin, vielleicht war es auch nur die Liebe … wie bei Kavafis … Ja, ich hatte mir da etwas zu lesen vorgenommen. Doch nun war wieder einmal keine Zeit mehr. Und ich versprach mir, endlich einmal alle Bücher zu lesen, die ich immer schon lesen wollte, denn das Lesenwollen war ja die schönste Entschuldigung aller Nichtleser. Die nächste Epidemie, von der ich jetzt noch gar nichts wusste, würde mir recht geben, die Hauptlektüre wären die neuesten Infektionszahlen.

Vielleicht war auch bei Schweinfurth alles nur aus Liebe.

Das wusste ich spätestens, als ich auf diese komische Stelle in der Lebenswürdigung durch einen preußischen Rassisten gestoßen war: und auf das Wort »Einspänner«.

Und dass es Nächstenliebe gewesen war zu dem schönen Afrikaner, und Schweinfurth war ab da untröstlich: Ja, der Verfasser von »Im Herzen von Afrika« ist an einem gebrochenen Herzen gestorben, und der Buchtitel war eigentlich der Titel eines Gedichts, das seinen Geliebten meinte, der ihm im fernen Afrika vorausging.

So dachte ich mir Schweinfurths Leben auf meiner Aussichtsterrasse zurecht.

Ach, der Pan Schweinfurthii – man durfte ja nicht mehr »entdeckt« sagen, und das war auch richtig so. Er hatte mich entdeckt, noch bevor ich ihn entdeckte, und es war wohl keine böse Entdeckung, als er mich sah, anders als es bei jenem Indianer war, der den Kolumbus entdeckte. Der Pan hatte zweifellos mehr von mir als ich von ihm. Außer einem Foto in seinem Baum, das ihn zusammen mit dem Diebesgut zeigt, hatte ich nichts von ihm. Dieser Pan, der nun den Namen des Onkels trug, musste ja gar nicht mehr entdeckt werden. Die Eingeborenen, die ja auch nicht mehr so genannt wurden, kannten ihn ja schon, den Pan Schweinfurthii, den ostafrikanischen Schimpansen, und machten eine Suppe aus ihm. Da war ganz schön viel wissenschaftliche Übergriffigkeit und Übermut des 19. Jahrhunderts darin. Dachte ich. Was für eine Herrenmenschenüberheblichkeit, die in dem Wort »entdeckt« steckte. – Und nun? Was für eine Gleichzeitigkeit: Die einen machten die köstlichste Suppe aus jenen, mit denen aus den USA angereiste Forscherinnen im Urwald zusammenlebten. Und die Eingeborenen, die kannibalischen Pygmäen, die von Schweinfurth im Herzen von

Afrika Entdeckten? Als hätte es sie erst jetzt gegeben und ab da, wie die Arten und Spezies von Darwin auf seiner Reise zum Kap Hoorn. Eingeborene, Entdeckungen … Als hätte es sie nun nur deswegen nicht mehr gegeben, weil das Wort verboten oder so langsam aus dem öffentlichen Sprachverkehr gezogen worden war. Trotzdem: Wie ich nun das Wort »entdeckt« vermisste, das auf dieser Welt nicht mehr möglich war. Und »erfunden« schon gar nicht mehr. Das wäre ja etwas Göttliches gewesen, so wie dieses und jenes Kunstwerk, das für mich immer zwei Schöpfer hatte: jenen und diesen hier, so wie jene Skulptur zwischen Himmel und Erde von Robert Schad, die ich »rostrote Gegenwart« getauft hatte. Sie stand in Vierkantstahl mitten in einem der öffentlichen Räume meiner Welt. Was für ein Name, ach, Schweinfurth.

Nun lag er in seinem opulenten Grab, allein, mitten im Botanischen Garten zu Dahlem … Eine ganz seltene Ehre, mehr noch als ein Ehrengrab auf dem Zentralfriedhof, fast schon im Pantheon … Auch in »Unsere großen Afrikaner«, einem Machwerk aus der Nazizeit, kam er vor. Doch wahrscheinlich würde ich lieber zum Fenster hinausschauen, als diese Bücher des Großonkels meines Freundes endlich zu lesen. Dann hätte ich gewusst, wie spielfreudig und diebisch dieser Pan Schweinfurthii sein konnte. … Nach Berlin wurden ja manchmal Schwarze und Indianer und Zwerge mitgebracht und dort gegen Geld gezeigt. Für andere waren sie Souvenir und Trophäe, wie bei manchem Mann und Jäger eine Frau. Bei Schweinfurth aber war es Liebe. Er liebte seine Afrikaner; und ging auch niemals zu einer der damals üblichen

Ausstellungsshows im Tiergarten, wo man außer wilden Tieren auch Indianer und die »verschiedensten Exoten und Pygmäen aus aller Welt« gegen ein Eintrittsgeld besichtigen konnte, an denen sich Wilhelm II. und auch Bismarck – da waren sie auf einer Wellenlänge – so ergötzten. Auch bei Hagenbeck in Hamburg, mit den frisch gelieferten Exoten aus den deutschen Schutzgebieten vom Fuße der Kaiser-Wilhelm-Spitze, die in preußischen Zeiten die höchste deutsche Erhebung war. Bis dahin war es der Großglockner gewesen, wie ich in Schweinfurths Lebenserinnerungen vom 24. Juli 1857, geschrieben aus Spital in Kärnten an seine Mutter, las. Da war er als die Nr. 8 der Erstbesteiger verzeichnet.

Im selben Berggasthof, im selben Jahr wie Schweinfurth, übernachtete auch Adalbert Stifter mit seinen Muhmen auf dem Weg zum Meer. Triest war das Ziel, vergleichsweise bescheiden, wenn ich nun an das Leben meines humboldtartigen Afrikaforschers dachte, der zwar in Riga geboren wurde, eigentlich aber aus einer Familie aus Wiesloch unweit von Heidelberg stammte, wo sich immer noch eine berüchtigte Nervenheilanstalt befand, aber dann sein Leben in aller Welt verbrachte, dabei Jahre am Stück in Ägypten und im Herzen von Afrika, es war auch Liebe. Und jeden Winter würde er für Monate nach Ägypten fahren. Die offizielle Erklärung hätte vielleicht »zu Forschungszwecken« gelautet. Oder wegen der Lunge. Und Schweinfurth hatte alles noch vor sich, was Adalbert Stifter hinter sich hatte, dabei war mein Dichter gerade erst um die fünfzig Jahre alt, als er den »Nachsommer« schrieb. Ich weiß nicht, ob sie einander gesehen haben. Es ist aber eher wahrscheinlich als unwahrscheinlich. Schweinfurth war ein junger Mann, Stifter ein alter, das heißt, er war damals 52, und ich war nun schon zehn Jahre älter, als ich zum Kilimandscharo aufbrach. Vom Kilimandscharo wusste Stifter zweifellos, ob er in seinen wunderbaren Briefen oder auch im Werk vorkam, das nachzuschauen hatte ich mir fest vorgenommen. Das Meer jedenfalls hatte Stifter sich für die Zeit nach dem Abschluss seines Manuskripts gespart, an dem er schon sein Leben lang geschrieben, es dann aber endgültig in ein paar Monaten zu Papier gebracht hatte, mit seiner Hand in einer schwarzen Tinte. Es war ja im Jahr des »Nachsommers« gewesen, und Adalbert Stifter war auch über den Pass bei Heiligenblut gefahren, hatte dort übernachtet – oder nicht? –, im selben Jahr war es gewesen, von Linz aus … sah er zum ersten Mal das Meer, und nun war es zu spät, noch einmal von vorne zu beginnen, um den »Nachsommer« noch einmal, aber ganz anders zu schreiben.

Schweinfurth stand damals noch vor dem Leben, entsprechend zukunftsschwanger. Es war in der Zeit, als er noch an seine Mutter mit dem Übermut seines jungen Lebens schreiben konnte: »Geliebte Mutter! Soeben bin ich hier von Heiligenblut aus angelangt … Der vorige Dienstag war der merkwürdigste Tag meines Lebens. Ich werde in Zukunft wohl noch manche Gefahr, manchen Sturm zur See, manches tropische Gewitter oder Erdbeben erleben, welche aber alle nicht mit den Schrecken zu vergleichen sind, die ich am vorigen Dienstag erlebte. Nun höre den Gang meiner Erzählung auf die Spitze des Großglockners an … «

Da hatte er aber das Herz von Afrika noch vor sich, all seine Entdeckungen, und auch den Tod seines geliebten schwarzen Freundes, ab da war der große Botaniker, »der letzte aus der Schule Humboldts«, nie wieder recht glücklich. Doch vielleicht war er auch schon bis dahin nie recht glücklich gewesen, weil es sein Leben gewesen war und kein anderes und weil es in seinem Leben, das in eine Zeit gefallen war, die andere als eine große selige des Fortschritts wahrnahmen, nicht anders sein konnte. So reiste er also mit seinem Liebesschmerz in der Weltgeschichte herum.

»Der imposante benachbarte Großvenediger ... die Pasterzen, die großartigsten Gletscher der Welt ... da eröffnete sich plötzlich eine vollständige Aussicht auf das ganze Mölltal bis nach Heiligenblut ... wahrhaft erhebend war der Moment, als die drei Führer auf der Spitze des höchsten Berges von Deutschland in das Lied ›Herr Gott dich loben wir‹ einfielen.«

Das las ich im Großglockner-Brief an die Mutter. »Wir befanden uns auf einer Höhe von 12 158 Pariser Fuß.« Ob er dann auf dem Kilimandscharo war, müsste zu Hause zu überprüfen sein, das gehörte aber nun wirklich nicht zu meinen unmittelbaren Aufgaben, deren erste das Hinaus- und Hinaufschauen war, dem Sätze folgen sollten.

Ja, das waren noch Bergsteiger, und mir fiel Reinhold Messner ein, der nun die Gipfelkreuze weghaben wollte, wie die Humanistische Union – in Berlin nannte sie sich Verband – die Kreuze aus den Schulzimmern verbannt hatte. Das Singen und Beten sowieso. Nicht einmal »Hänschen klein« ging mehr. Entsprechend sah die Welt aus. Und ich? Das Mölltal kannte ich auch aus dem Lied »In der

Mölltalleitn auf der Sunnenseiten / Wenn's mi ausi tragn auf en hölzern Schragn, bleibt's auf der Sunnenseit no einmol steh'n.« … Und was nun den Kilimandscharo betraf, so musste ich mir sagen, dass der einzige Berg meines Lebens, den ich geschafft hatte, Mittagsspitze hieß. Allein der Schmittenbühl stand noch auf der Liste meiner Bergtrophäen. Das war's dann, denn ich ließ mich meist von einer Gondel hinaufbringen. Und schaffte es freilich immer noch bis zum ersten Bänkchen, von dem aus ich rauchend auf die schöne Welt hinab- und hinaufschauen konnte.

Das Mölltal kannte ich auch, sah es einmal, von unten, fuhr es in seiner ganzen Länge und Schönheit ab, sah manchen Ferrari von hinten und auch sonst … Wenn es eine Gondel gegeben hätte, wäre ich gewiss hinaufgefahren … hinauf auf den Kilimandscharo und hätte … ja, was hätte ich denn? Mich übergeben müssen? Ich ließ mir sagen, dass ich ganz bestimmt keine Lust auf eine Dankzigarre gehabt hätte.

Auf seiner zweiten, entscheidenden Afrikareise entdeckte der Großonkel meines Freundes die eigentliche Nilquelle und vieles andere, was doch gar nicht mehr entdeckt werden musste.

Ach, ich hatte alles so kurz halten wollen wie einen Millimeterhaarschnitt.

Nicht schon wieder ein neues Fass öffnen, nicht schon wieder eine Barockorgie, von Schweinfurths Leben … Ich hatte einfach nur ein paar entscheidende Sätze in den schon bestehenden Text an der richtigen Stelle einfügen wollen, so wie in den mittelalterlichen Partituren die Tropen und Melismen. Und jetzt kam es mir vor, als wäre ich schon wieder über hundert Seiten hinaus. Und immer noch nicht am Kilimandscharo angekommen.

Aber jetzt!

Diese Lodge hieß wie der Berg, den man von da aus am schönsten sehen konnte.

Und wie ihn Fritz Lang gemalt hatte. Ja, und nun sah ich, dass ich nicht umsonst unterwegs gewesen war. Sah dieses Bild. Den Kilimandscharo von Madschame aus, den Auslöser meines ersten Fernwehs.

Ja, da sah ich ihn. Und sagte ja.

Oder sollte ich »erblickte« sagen? Und nun sah ich es. Ihn. Oder sollte ich »es« sagen? Auf der anderen Seite meiner Augen. Vor mir dieser Berg, und kein anderer. Unter mir ein Wasserlauf wie in Eden, über mir ein Himmel und der morgenschöne Kilimandscharo. Erstbestiegen oder erklommen am 6. Oktober 1889 von einem Tiroler namens Purtscheller, einem Preußen namens Meyer und Yohani Ki-nyala Lauwo. Sie erreichten beim zweiten Versuch erstmals den Gipfel, der bald Kaiser-Wilhelm-Spitze hieß, eine Zeitlang.

Der Name Wilhelm der Große aus preußisch-staatskirchlichen Zeiten konnte sich aber nicht durchsetzen. Er war aber immer noch auf Mosaiken im byzantinischen Stil in der nach ihm benannten Kaiser-Wilhelm-Gedächtnis-Kirche zu lesen, also Kaiser Wilhelm der Große und nicht etwa ein sonstiger Heiliger oder gar Christus oder der Heiland persönlich.

Summa: Ich war unterwegs, unterwegs zu diesem Bild und zu mir zurück in mein Leben und mein Bild, das ich mir all die Jahre von diesem Esstisch weg vom Kilimandscharo gemacht hatte, wie vom Künstler 1929 gesehen, und wie er mich mit diesem Bild mit einer Sehnsucht infiziert hatte. Und nun war ich hier und sah ihn.

Und dann fielen mir alle ein, die sich mit so etwas wie »sehen« nicht zufriedengegeben hatten, und dann die ganzen großen Bergsteiger und Welteroberer, Humboldt mit seinen Werkzeugen, und dagegen ich mit meinen Lackschuhen und meinem Smoking, ein klein wenig doch auch auf den Spuren von Humboldt. Der zwar in Nordafrika gewesen war, doch zu meiner Genugtuung es nicht bis zum Kilimandscharo geschafft hatte …

Als wäre es zwischen Immer und Nie, dieser Berg, dieser Blick, dieses Leben.

In der Mitte unserer Welt von einst stand unser Alpenkönig namens Säntis, unser Kilimandscharo … der so lange, bis ich es hierhergeschafft hatte, also in die Kilimandscharo View Lodge, mein Kilimandscharo gewesen war. Nun aber war er etwas ganz anderes.

Als wäre es Heimweh. Als wäre ich schon einmal hier gewesen.

Und als Erstes drängte ich an jene Stelle im dschungelartigen Garten, es war eine schöne Holzterrasse mit ebenso schönen Sitzgelegenheiten hoch über einer Schlucht, einem Creek, dessen Namen ich leider nicht erfahren habe.

Und dann stand ich vor diesem Berg, wie Gott ihn geschaffen hatte – oder nicht? Und sah ihn. Ihn, und keinen anderen.

Und nun, als wäre ich Moses, der Blick in das Gelobte Land, das Paradies:

Alles schien mir seither nur noch wie ein Nachklang, so wie es bis dahin ein Präludium war.

Schon am Pool der African View Lodge war ich angesichts meiner Lage piano piano in eine Stimmung zwischen »Die Elenden sollen essen« und »Brich den Hungrigen dein Brot« hineingeraten.

… und als ich dann auf der Terrasse der Kilimandscharo View Lodge saß, war mir klargeworden, dass kein Mensch auf dieser Welt das hier freiwillig verlassen hätte und verließ.

Der Mensch war ein armer Mensch, der von hier vertrieben wurde.

Das untrüglichste Zeichen, ja der Beweis dafür, dass es Heimat gab, war das Heimweh. Wenn das Wort »Heimat« mit dem Wort »deutsch« verbunden wurde, bekam ich spätestens seit den Booten im Mittelmeer und der Ankunft der Überlebenden im Erzgebirgsbus eine Gänsehaut.

Mit dem Wort »Mama« macht sich der Mensch auf den Weg, mit seiner Muttersprache, die in meinem Fall das Gegenteil von Hochdeutsch war.

Heimat war für mich das Gegenteil von Deutschland und allem Hochdeutschen.

Heimat war jener Ort, von dem aus sich der Mensch mit seinen Beinen in die Welt aufmachte, in der er vielleicht nie ankam.

Und als ich meine zwei Südtirolerinnen erblickte, war von mir wieder einmal recht deutlich zu erblicken, dass der Mensch keine Wurzeln hatte, sondern Beine, mit denen er sich auf den Weg machte.

»Was ist Heimat?«, fragte die eine.

»Ein Ort oder nicht, an den der Mensch zu oft denkt, etwas, wo er vielleicht gar nicht ankommt. Und nie gewesen ist …«

»Heimat ist das Gegenteil von gut gemeint.«

So versuchte ich, es den zwei Südtirolerinnen zu erklären.

Und ich nahm ein ungläubiges Staunen wahr, immer dann, wenn ich meinen Menschen zu erklären versuchte, was nicht zu erklären war; und dass der Mensch kein Baum war und keine Wurzeln hatte, sondern Vater und Mutter, und Beine, mit denen er sich aufmachte in das schöne Leben. Und diese zwei waren der schönste Beweis meiner These. Ja, auch diese zwei Frauen hatten zum Glück keine Wurzeln, sondern Beine, die zwei schönen Südtirolerinnen, mit denen sie von Milano Malpensa aus nach Sansibar geflogen waren, und dann zu mir.

Und kaum hatten sie mich erblickt … Ja, ich musste mir sagen, es war auch ein wenig ein Bacheloretteblick, nein: gleich zwei …

Und kaum hatte ich sie erblickt, dachte ich schon daran, wie es wäre, den Rest der Reise mit diesen beiden fortzusetzen. Doch ich kam wohl dreißig Jahre zu spät.

Denken und Träumen unterschieden sich bei mir kaum.

Immerhin schaffte ich es, davon zu träumen, wie es wäre …

Ich versuchte, mir ihre E-Mail-Adressen zu erschleichen, stellte es aber derart dumm an wie damals auf dem Tanz in den Mai. So dass ich bei der Damenwahl sitzen blieb.

Wir, also die zwei schönen Frauen vom Kalterer See und ich, tauschten uns über das Schöne aus, das wir schon gesehen hatten. Wie es die Reisenden tun und immer schon taten, wenn sie aus Begeisterung über die Gegenwart ins Reden kommen, und was schon Goethe in seinen »Wahlverwandtschaften« als ärgerlich empfand: als bei der Besichtigung der neuen Gartenanlagen die Gäste von den anderen Gärten schwärmten, die sie schon gesehen hatten. Und auf welchen Bergen wir oben gewesen waren. Von Anfang an wusste ich, dass ich es nur mit meinen Augen hinaufschaffen würde. Mehr wollte ich auch gar nicht.

Und ich dachte noch einmal an Moses, dessen Berg, von dem aus er das Gelobte Land gesehen hatte, Nebo hieß, meiner hieß Kibo.

Was für ein Romanende! Und dann starb er.

Ein Gipfelkreuz gab es dort oben wohl nicht. Das konnte ich mit meinen Augen nicht ausmachen. Also musste Reinhold Messner keinen Gipfelkreuzkrieg führen.

Ich war überwältigt. Und die zwei Südtirolerinnen waren doch ein wenig enttäuscht. So sagten sie es mir. Als hätten sie mehr erwartet. Haben Sie es sich noch schöner vorgestellt? Fragte ich sie. Enttäuscht von diesem Ausblick?

Ja, vielleicht.

Das war aber nur jenen gestattet, die aus Südtirol kamen mit seinen atemraubenden Erhebungen zwischen den Dolomiten und dem Ortler, dem Stilfser Joch und dem Vigilius Mountain Resort.

Die anderen wären für so etwas in die Hölle gekommen.

Und ich?

Und vielleicht ließ ich das, was sie gegen den Kilimandscharo so vorbrachten, durchgehen, weil es diese zwei Frauen waren.

Nach Sansibar schaffte ich es nicht, anders als die zwei Südtirolerinnen, Und auch auf den Kilimandscharo schafften es nur meine Augen, die zwischen ihren Augen und dem Kibo-Gipfel hin und her gingen.

Sie kamen von da, wo auch schon meine Vorfahren hergekommen waren, die auch keine Wurzeln hatten, sondern Beine, mit denen sie vertrieben worden waren aus ihrer Heimat. Vielleicht war es ihr Heimweh, das in mir nun auflebte.

Und auch die Menschen, die ich hier in Afrika sah, hatten keine Wurzeln, sondern ebenfalls Beine, zwei Beine waren es, auf denen sie vertrieben wurden oder geflüchtet waren, selbst vom Fuße des Kilimandscharo, der eigentlich auch keinen Fuß hatte. Und zu schön war, als dass man von hier aus hätte ins Erzgebirge fliehen wollen, um dort von wütenden Bürgern empfangen und beim Aussteigen bespuckt zu werden.

So hatte ich es gesehen, gehort und gelesen.

Denken und Träumen unterschieden sich bei mir kaum, und als ich dann ins Erzählen kam, war es ihnen wahrscheinlich schon wieder zu viel.

Auf meinem Nachtflug hatte ich von nichts anderem geträumt.

Ja. Ich wusste es nun. Das Ziel meiner Reise war diese Aussichtsveranda, von der aus ich meinen Berg sehen konnte. Und ich sah, dass es doch einen Unterschied zum digitalen Sehen gab, als die Welt dreidimensional vor mir erschien. Ich sah, wie ich mitten im Bild saß. Ein Foto war nur ein Objekt, und in meinem Smartphone nicht einmal dies.

Mit einiger Verspätung kam auch die Kenianerin im Schleier noch angereist, um von mir das Foto zu machen, das mich von hinten zeigt, wie ich zum Kilimandscharo aufschaue, für die Messebeilage der Internationalen Tourismusmesse in Berlin. Der Mann mit dem weißen Kopf von hinten: Das bin ich. Die verschleierte Fotografin fotografierte meinen Blick zum Kilimandscharo. So konnte ich deutlich mein Weiß sehen, und ich weiß nicht, ob es runder war als weiß oder weißer als rund. Auch eine Weltkugel. Rund wie eine Kugel Eis. Wörter wie Flugscham und Öko-Fußabdruck kamen erst danach.

Folgende Stichworte hatte ich noch in einer DLF-Sendung am Samstagmorgen, vor meinem Abflug, das Fliegen betreffend, aufgeschnappt.

»Bewusster fliegen!« – »Ich vergleiche es gerne mit Biofleisch: Lieber weniger und teurer als mehr und billiger.« – »Ich glaube sehr daran, dass die Technologie einen Ausweg … ehm … ehm … ehm …«

Du hattest keinerlei Flugscham! Du Ökoschwein! Du Romanfigur! Sagte ich mir nun. – Doch, sagte ich mir zu meiner Entschuldigung: Du ließest den Flug mit Ethiopian eher über dich ergehen, hättest sogar einen Absturz in Kauf genommen oder riskiert, mit Rücksicht auf die Veranstalter, deren Budget mit Rücksicht auf die Printmedienkrise du nicht zu sehr belasten wolltest …

Ach, ich. Ich war ein Sonderling – mit den Himmelsrichtungen, in die die Betten standen, in denen er gelegen hatte, meist allein.

Und dagegen die Menschen, welche die Vornamen ihrer acht Urgroßeltern nicht mehr aufsagen konnten. Und die Himmelsrichtung des Bettes, in der sie gezeugt wurden … und die Himmelsrichtung, in der sie lagen, nicht wussten.

Zurück zu meinen Südtirolerinnen!

Die eine – Entschuldigung, ich habe ihren Namen nie erfahren und konnte auch in ihrem Gespräch untereinander keine Namen erlauschen – fragte mich, wohl wegen meines Akzents, ob ich Schweizer oder Franzose sei. Dann überlegte ich kurz, ob ich es auch ihnen auf Englisch sagen sollte und ihnen eine meiner Standardlügen auftischen: Ich hatte ihnen nämlich schon ganz zu Beginn unseres kurzen gemeinsamen Lebensabschnitts sagen wollen, dass ich aus dem Black Forest, Switzerland, kam. Denn ich wollte, wie schon damals in Lissabon – auf dem Weg nach Guinea-Bissau an der äußersten Westküste von Afrika –, weder mein Land mit mir noch mich mit meinem Land beschämen. Als ich aber erfuhr, dass sie vom Kalterer See kamen, wo die Gäste aus Deutschland nicht den allerschlechtesten Ruf besaßen, war eine Lüge weniger nötig auf dieser Reise. Im Laufe meines Lebens litt ich immer mehr an meinen Lügen, statt mich an sie zu gewöhnen. Das war noch ein Unterschied.

Tatsächlich: Auch ich kannte Südtirol. Da musste ich gar nicht erfinden. Ich kam eigentlich ja auch vom Fuß der Alpen, und der Säntis war unser Fujiama, den von mir oft gehörten Satz wollte ich ihnen auch noch offerieren, immer auf Suche nach ein wenig Sympathie. Als wäre ich ein Bachelor in der Endrunde, der auf die rote Rose seiner Angebeteten wartete in RTL II.

Aber jetzt, nachdem ich diesen Berg vor mir hatte auf der anderen Seite meiner Augen, hätte ich ab da nur noch »unser Kilimandscharo« gesagt. Dass ich meinen Satz schon wieder mit einem »dass« begann, was für den Sprachwissenschaftler ein Zeichen sprachlicher Inkompetenz war, schien meine zwei Frauen nicht weiter zu stören; aber dass ich im Vigilius Mountain Resort, dem neuen Hotel des berühmten Herrn Ladurner, abgestiegen war, zusammen mit den berühmtesten ihnen wohlbekannten Südtiroler Schriftstellern, und selbst der Architekt Matteo Thun, ein sogenannter Stararchitekt, war zu diesem Event gekommen, erhöhte mein Prestige wiederum. Da war ich fast schon in Reinhold-Messner-Nähe. Und dass ich dem sympathischen Mann, der mit dem berühmtesten aller derzeitigen Bergsteiger befreundet war, etwas sagen konnte, was er noch nicht wusste von seinem Freund: dass Reinhold Messner nicht schwimmen konnte im Gegensatz zu mir, der immerhin den Freischwimmer geschafft hatte und seit seinem achten Lebensjahr Mitglied in der Gesellschaft zur Rettung Schiffbrüchiger war – das alles erhöhte mein Prestige noch einmal, warum nicht »gewaltig« sagen!

Im Vigilius Mountain Resort, das einst Vigiljoch hieß, hatte mein Bett frei im Raum neben der Badewanne in Richtung Süden gestanden, und ich meine, bis zur Salurner Klause gesehen zu haben. Leider herrschte in diesem luxuriösen Zimmer auch schon Rauchverbot, so dass für einen wie mich die schöne Welt immer weniger wurde.

Ich konnte – welchem anderen als mir? – aufzählen, wo meine Betten gestanden hatten und standen: Zu Hause war es in Richtung West-Südwest. In der African View Lodge nach Norden. Im Kambi ya Tembo war es im Zelt nach Süden. Und am anderen Morgen einer grauenvollen Nacht stand jenes Zebra vor dem Fenster zum Osten hin, als sollte oder wollte es zu mir »war doch gar nicht so schlimm« sagen. Und nun in der Kilimandscharo View Lodge war es der Nordosten.

Der Gecko und der Sachse: Auf beide hätte ich verzichten können.

Und auch auf den Pan Schweinfurthii, der mir den einen meiner zwei Lackschuhe gestohlen hatte und auch meinen Smoking zerbiss, so dass ich fürchtete, ob ich in Bremen überhaupt zugelassen würde.

So folgte eines dem anderen.

Es war nun bald so weit. Jederzeit konnte Freddy kommen und meinem Hinausschauen ein Ende machen. Und meinen Koffer und die Taschen zum Jeep bringen, und was mir von meinem Smoking und den Lackschuhen übrig geblieben war, die ich so weit geschleppt hatte, fast schon bis zum Ziel.

So war ich unterwegs gewesen, und immer noch unterwegs; und zwar nicht, weil ich ein Fetischist gewesen wäre, sondern weil das eigentliche Ziel meiner Reise eine Einladung zu einem Herrenmahl aus dem Spätmittelalter in Bremen war.

Und hoffte, dass ich mir noch einen Smoking besorgen könnte, ausleihen vielleicht, und das dazu passende Hemd und die ebensolchen Schuhe auch.

Meine Sachen müsste ich dem Pan Schweinfurthii zurücklassen, nur den einen Schuh nähme ich mit als Souvenir, und die Fliege hatte ich auch retten können. Die Schmerzmittel auch, sie waren wie immer in meinem Bordgepäck. Ich reiste nie ohne die richtigen Schmerzmittel.

Final Destination der Kilimandscharoreise wäre Bremen. Und du warst schon hierher unterwegs gewesen zwischen der Angst abzustürzen und der Hoffnung, möglichst viel von diesem Flug zu verschlafen, sagte ich mir – zum Beispiel die Pyramiden und den Verlauf des Nils im Vollmondlicht –, und nur per Zufall hast du das Wort »Aksum« gelesen am Bildschirm, zu dem hin mancher Mensch, den du nur gesehen hast auf der anderen Seite deiner Augen, der stumm blieb für dich, und du für ihn, stundenlang starren konnte, um gezeigt zu bekommen, wo er gerade war. Er sah sich auf jenem Flugzeugzeichen in Pfeilrichtung, und das war für mich … noch ein Rätsel, das an ein Geheimnis grenzte, und überall auf der Welt gab es Infektionsmöglichkeiten und Krankheiten bis hinab zum Fußpilz.

Ich hatte zum Glück wieder einmal einen Fensterplatz bekommen, so dass ich kurz vor der Landung den Kilimandscharo sehen konnte, zum ersten Mal. Ich schaute zu meiner Luke hinaus, ich saß zum Glück auf der richtigen Seite. Doch, was bitte, war denn beim Hinausschauen die falsche Seite? Gab es eine Hierarchie des Sehens? Waren es nicht überall die himmelblauen Wolken zwischen Himmel und Erde, näher bei der Erde, auch wenn es nicht so aussah, bald zwölftausend Meter über ihr?

Überall auf der Welt gab es Krankheiten bis hin zum Fußpilz. Das war auch wieder ein Problem in Afrika gewesen, ich hatte Sakrotan und alles bei mir an Bord. Nicht nur das Wort »Rauchverbot« hatte mich ja fast von meiner Reise abgeschreckt, es waren auch Wörter wie »Tropenkrankheiten«. Und auch das Wort »Ebola« schreckte mich. Dem Reinen würde bald auch in Afrika durch die Hygiene der Garaus gemacht, hanseatische Wörter wie »besenrein« und »stubenrein« waren derart lange her, dass es schon in seligen Zeiten gewesen sein musste. Und selbst in meinem Kili-Resort war ich im Bad, das es wie überall gab, als wäre es im Motel One, auf jenen freundlich-dringenden Hinweis mit den Handtüchern und dem Wasser und den Smiley-Zeichen gestoßen.

Dass ich in Bremen am Tisch eines Reeders zu sitzen käme, der die schönsten und größten Yachten für die Oligarchen dieser Welt baute, auf denen sie sich dann mehr oder weniger glücklich oder unglücklich oder auch nur mehr oder weniger gelangweilt von ihr herumtrieben, in der Weltgeschichte, auf Kosten von ihr: Das hatte man mir schon gesagt. Freute ich mich darauf? Oder hatte ich eher Angst vor der Eiswette?

Wenn ich aber dann ins Erzählen käme, wäre es ihnen wahrscheinlich schon wieder zu viel. Und sie sagten bald »interessant«, was für sie wohl ein Codewort war für: An welchem Tisch bin ich nur gelandet! Es wäre aber der Tisch des Präsidenten, an dem ich zu sitzen gekommen wäre, denn keinem anderen als ihm, dem wunderbarsten Mann und Zigarrenraucher von ganz Bremen, verdankte ich meine Einladung, und da es keine Tischdamen gab, wäre ich sozusagen die Tischdame des Reeders, der für Abramowitsch jene Yacht gebaut hatte, die von Skorpios aus in Richtung Ithaka – das war zunächst die einzig mögliche Richtung – in See stach, und ich würde ihm sagen können, dass ich das alles auf einmal sah, wenn ich von meinem Sommerschreibtisch aufblickte. Und dass ich diese Yacht gerade wieder von meinem Sommerhaus aus gesehen hätte.

»Gerade wieder«: Das stimmte auch irgendwie, denn was waren schon drei Monate, wenn sie vorbei waren. Und »mein Sommerhaus« zu sagen war eine prestigefördernde Angeberei, und noch lange keine Lüge gewesen.

Aber vielleicht hätte ich mit meinen Erzählungen selbst seine Katzen gelangweilt. Zu schnarchen begonnen wie Inge, wenn ihr etwas nicht passte, hätte mein Tischherr wahrscheinlich nicht.

Ich wäre, als der alte Trottel vom Land mit Smoking und Lackschuhen verkleidet, möglicherweise eine Witzfigur auf höchstem Niveau. Dann aber auch so faul dahinträumend wie Mörike auf seinem Frühlingshügel oder Oblomow in seinem Bett, dessen Überlegungen nicht weiter gingen als zu seinen Hausschuhen, und wie er sie so ans Bett stellte, dass er ohne große Anstrengungen hineinfand, als wäre es wie in Tag und Leben. Und nach dem Kilimandscharo gefragt, würde ich zu meiner Entschuldigung sagen, dass es eigentlich eine Reise nach innen war. Die mit etwas Tagesglück wiederbeschafften Lackschuhe und der Smoking, das Hemd und die Fliegen sähen nur so aus. Als wären es Täuschungsmanöver gewesen.

Und ich freute mich schon jetzt auf den Spirituosenwagen, obwohl ich doch gar nichts trinken sollte … Es war die Leber, es waren die Leberwerte, das Wort »Leberzirrhose« aus dem Mund der Medizinerin, die mit ihrem Stick gnadenlos über meinen Bauch gefahren war, deren Augen zwischen meinem eher weißen als dicken Bauch und dem Bildschirm hin und her gingen, die eine Fettleber diagnostiziert hatte … Und das Wort »Leberzirrhose« stand seit meiner Rückkehr vor einem Vierteljahrhundert aus dem Portwein-Institut zu Lissabon nun auch im Raum.

Auf dem Weg zum Kilimandscharo hatte ich dieses Wort wieder im Gepäck. Ich hätte aber genauso gut »meine Lebenszirrhose« sagen können.

Ich sah mich nun schon in einer Altherrenrunde sitzen, inmitten eines Festmahls aus dem Spätmittelalter, dem der Finanzminister bald den Vereinsstatus entziehen würde, weil keine Frauen zugelassen waren. Wie den Männerchören auch, die bald nicht mehr ungestraft das herzzerreißende »Ännchen von Tharau« singen dürften. Dachte ich. In einer Männerrunde hatte ich ja auch keinen rechten Platz. Das hatte ich zum ersten Mal in der Autowerkstatt von Otwin Gabele erfahren. Diese Erfahrung würde bis zum Tag dieses Herrenmahls vorhalten. Es würde eine Gesellschaft in Smoking oder Frack sein, und ich würde versuchen, nicht aufzufallen, das heißt: eine gute Figur zu machen. Und obwohl ich nun schon so und so viele Jahre alt war, rechnete ich mich immer noch zu den Jüngeren. Und außerdem: Es sollte das erste Mal sein, dass ich einen Smoking und schwarze Lackschuhe tragen würde. Und man sähe es mir vielleicht gar nicht an. Und so sähe mein Tisch, überhaupt die ganze Gesellschaft, die

nur aus Männern bestand, durchaus wie eine Altherrenrunde aus, was aber gar nicht stimmte, denn es waren
auch nachwachsende Smokingträger angesagt, und unter
ihnen wären auch ein paar Exemplare schön anzusehen.

Ich würde an einem runden Tisch sitzen. Und das Fest
würde einen ganzen Nachmittag und einen Abend dauern. Der runde Tisch, eine Instanz aus Amerika, würde
Demokratie vortäuschen wie das englische »You«.

An diesem Tisch würde ich dann sogar neben jenem
Mann zu sitzen kommen, der gerade die Yacht für Abramowitsch gebaut hatte.

Im Besitz eines anderen Oligarchen war eine Zeitlang
auch die Onassis-Insel Skorpios gewesen, die dann an
dessen Tochter ging, und ich war manches Mal mit der
kleinen Yolli um sie herumgetuckert im vorgeschriebenen
Abstand. Freilich mit Steuermann.

Und es gäbe da noch einige Granden zu sehen, die alle
wussten, wie man einen Smoking trug und wann. Und
wann Lackschuhe geboten, erlaubt oder verboten waren,
wüssten sie auch.

Und dass der Mensch im Adel ja nicht »Guten Appe-
tit!« sagte. Und schon gar nicht »Prosit«. Wohl aber »Clo«
statt »Toilette«.

Dem bedeutenden Reeder würde ich sagen können,
dass ich jedes Jahr in der Einsamer-nie-als-im-August-
Zeit für ein paar Wochen auf eine bescheidene Insel
namens Lefkada aufbräche, als Gast in einem schönen
Haus. Und dass ich da jeden Tag auf Schiffe hinunter-
sehen könnte, unterwegs nach Ithaka oder in die blaue
Ferne, auf schöne Yachten, die möglicherweise von seiner

Firma gebaut worden waren. Dass ich einen unvergleich-
lichen Meerblick hätte. Und die ganze Zeit auf Ithaka hinausschauen würde, und dass mir das genügte, so wie der
Kilimandscharo auf der anderen Seite meiner Augen.

Und dass ich da an einem Buch schreiben wollte, dass
mit meiner Kilimandscharoreise zu tun hätte. Und dass er
aufgrund dieser Sätze mich zu Beginn möglicherweise für
seinesgleichen halten würde. Dass ich von diesem Haus
in Akropolislage nach Ithaka hinüberblicken könnte. Und
dass ich kaum einmal ins Wasser ginge, nicht einmal in
den großen Pool unterhalb von meiner Veranda. Ja, jedes
Jahr war ich auf einer Insel mit Ithakablick namens Lefkada, und wenn ich von meinem Schreibtisch aus übers
Meer schaute, war es Ithaka, das ich sah. Und von ihm
her waren mir schon viele Sätze eingefallen, denn beim
Schreiben ging es doch wohl eher um Einfälle aufgrund
des Gesehenen als um Gedanken. Jedes Jahr sah ich auch
die großen Yachten, die von Skorpios aus unterwegs waren zwischen Ithaka und mir. Die Christina war wohl
nicht mehr dabei – oder unter neuem Namen.

Aber das alles würde ich vielleicht doch bei mir behalten, aber nicht, um der Welt weiterhin als Philosoph zu
gelten.

Bis zur Ankunft im noblen Parkhotel, wo mich meine
noblen Gastgeber untergebracht hätten, vom überschau-
baren, charmanten Bremer Flughafen her, wo aber trotzdem in meiner Kindheit einmal ein großes Flugzeug ab-
gestürzt war, würde ich in der Hoffnung leben, dass es
in Bremen einen Menschen gäbe, der mir mit einem Er-
satzsmoking und Ersatzschuhen weiterhelfen könnte. Im

Bürgerpark würde ich am Elefantendenkmal vorbeifahren, errichtet auch für Carl Peters, Lettow-Vorbeck und die Seinen, für die Helden des Kolonialismus, das gestaltet worden war von Fritz Behn, über den auch Thomas Mann so schön geschrieben hatte, den Fritz-Kiehn-Freund, dem einstigen Besitzer der Momellafarm, bis er sie an Hardy Krüger verkaufte, die ich noch vor drei Tagen beinahe gesehen hätte. (Dieses Ziel erreichte ich also nicht. Das nächste Mal!) Fritz Behn hatte einst den großen Wotruba aus Wien vertrieben und sich an seine Stelle gesetzt mit Hilfe Baldur von Schirachs. Seit ein paar Monaten war das Elefantendenkmal, die größte Arbeit von Fritz Behn, in ein Denkmal für die Opfer des Kolonialismus umgewidmet, und das fand ich gut so.

Im Parkhotel würde ich überaus freundlich, eben auf die Bremer Art, empfangen. Da fragte ich auch gleich nach einem Smoking und den Lackschuhen, und beides würde noch rechtzeitig geliefert. Eine Probe könnte allerdings nicht mehr stattfinden. Und man sähe mir wieder einmal an, dass ich ein Leben lang in den falschen Kleidern steckte.

Und schlafen könnte ich auch nicht mehr. Also bliebe mir nichts übrig als die Glotze.

Irgendein Film mitten in der Nacht, in jener Schlaflosigkeit, die eine Folge von Übermüdung und Aufregung wäre. Ich erinnerte mich an die Nacht vor meiner Abreise: Da hatte ich eine Doku über das Leben des Arndt von Bohlen und Halbach gesehen. Und wie ihm schon der kleinste Nagelriss weh tat. In Marrakesch war ich auch schon gewesen …

Mooshammer gefiel ihm … »Kam ihm vielleicht von hinten entgegen«, so sagte es ein Herr, der nicht vulgär sprechen wollte von irgendwelchen sexuellen Praktiken des grausam endenden Milliardärssprosses, ich konnte doch nicht »verendet« sagen, hätte es aber sagen müssen, bei diesem Menschen und Leben, dessen Existenz in einer Summe ausgedrückt derart über alles andere hinausging, so dass die Anrede »Herr Baron« eine Beleidigung gewesen wäre.

Im Nachtprogramm für den Schlaflosen folgte, als wäre es ein Zufall, »Die großen Yachten«.

Anders als mancher Lüstling, der keine Ruhe gab bis zum Abschuss, dem die Welt anscheinend egal war, zimmerte ich mir doch ein Lebensgerüst aus Sätzen, Sätzen wie »Der Verzicht nimmt nicht, der Verzicht gibt«, und schon wieder war ich auf einer der großen Yachten unserer Zeit unterwegs, und ich sah den armen Arndt, der vielleicht den Adonis dem Himmel vorgezogen hätte, wie Horaz sagte (»caelo praefertur Adonis«), und im Idealfall von heute, dem der Himmel immer ferner rückte, fiel beides zusammen. Und, so sagte es Tante Mausi immer: Ich kann nicht verstehen, wie diese Männer ein Leben lang so viele Gedanken auf das Eine verwenden. Und zugegebenermaßen: Ich verstand das auch nicht. Dieser Aufwand, ganze Yachten und Kriege, um die Callas zum Abschuss auf die Yacht »Christina« zu locken wie der Mistkäfer die Frau zur Begattung in sein Loch. Oder war dieses »wie« verboten?

Als wäre tatsächlich das Lebensmotto all dieser Männer »Groß im Kleinen, klein im Großen« gewesen, die davon nie genug bekommen konnten, sie nannten es Jagd, la chasse.

Wie tat mir nun Herr von Bohlen leid, der aus seinem Leben nichts gemacht hatte, außer es zu schminken, und da war er ein Virtuose geworden und konnte seinen besten Freundinnen Tipps geben. Und dann explodierte die Yacht, Schmuck im Wert von fünf Millionen, so der Nachlassverwalter, und wie beherzt Arndt noch einen Teil retten konnte, indem er noch einmal auf seine Yacht zurückging, fünf Minuten, bevor sie explodierte und unterging, und wie der arme Junge um sein Erbe betrogen worden war, auch das bestätigte wieder einmal den Darwinismus. Herr Beitz, das Alphatier, wurde ja über hundert und tat bis zuletzt Gutes, wovon die Zeitungen berichteten. Wenn aber der arme Arndt eine Million an die verfolgte katholische Kirche des Libanon spendierte, wollte dies kein Stern und kein Schwanz wissen, und von den Christen im Nahen Osten wollte ohnehin keiner etwas wissen, sie störten nur.

Und was wurde aus Niki Lauda? Ein Großteil des Vermögens ging ja an die katholische Kirche von Österreich, und dafür hat er dann das Pontifikalrequiem zu Sankt Stephan bekommen, jetzt weißt du's!, sagte ich mir, wem denn hätte ich das sagen sollen. Ich musste ja schon sehr früh sagen, was ich aus den Mündern ganz alter Menschen meiner Kindheit gehört hatte: »Es ist ja keiner mehr da.«
Heute wären sie 150 Jahre alt.

Am anderen Tag stünde mir das Anziehen des aus dem Theaterfundus geliehenen Smokings bevor. Die Schuhe passten vielleicht auch, das Hemd nicht ganz. Ich hatte noch nie einen Smoking getragen. Der herbeigerufene

Boy würde mir beim Anziehen helfen. Mir, jenem, der nicht einmal wusste, wie man eine Smokingfliege bindet. Ich gäbe vor, ich hätte eine Verletzung an der Schulter, so dass ich vom Smokinghemd an angezogen werden müsste. Und so geschähe es wohl.

Dann stellte ich mich vor den großen Spiegel und fotografierte mich.

Und auf der anderen Seite meiner Augen könnte ich sehen, wie ich mich der Welt stellen wollte, in den Weg stellen, bevor ich wieder zu ihr und ihnen hinausginge. Ich sähe, dass ich mich so durchaus zeigen könnte. Ja, ich sähe, dass es trotz allem gut aussäh. Was nun: es oder ich? Und du hattest dir auch sonst noch einiges eingebildet im Verlauf deines bisherigen Lebens, du kleiner Cowboy. Und deine Mutter wäre die stolzeste von allen, die dich hier gesehen hätten, gewesen. Auf meiner Tagtraumterrasse. Als wäre dies ein Tagtraum gewesen.

Nun sah ich schon den Massai – vielleicht Anfang zwanzig? – neben mir stehen und mich fragen, ob ich noch einen Wunsch hätte. Er sah wie jener Schlafwagenschaffner aus, der in der ersten Klasse auf dem Weg von Wien nach Venedig die in ihren Sitzen eingeschlafenen Gäste weckte, um sie zu fragen, ob sie noch einen Wunsch hätten. Den Massai hatte ich gerade erst, vor drei Tagen, mit seinen Kühen auf dem Weg nach Hause gesehen, und als er nun aufschaute, sah ich den Kilimandscharo hinter ihm – jenen scheuen Berg, der sich oftmals in eine Wolke hüllte.

Und nun sah ich ihn, diesen Massai, und wie es ausgesehen hätte, er hätte im Smoking und mit Fliege vor diesem Spiegel im schönsten Hotel Bremens gestanden, und er hätte hineingeschaut, und es hätte ihm – oder er hätte sich – gefallen in dieser fremden Aufmachung auf dem Weg zur Eiswette. Was er da im Spiegel sah. Und wäre eine Modelagentur in der Nähe gewesen, dann wäre sein Leben so verlaufen wie das von Basquiat vielleicht.

Seine Mutter bekam ich nie zu Gesicht, und wie sie über ihren Sohn dachte, wusste ich schon gar nicht. Dass sie ihn aber liebte und manches Mal wohlgefällig auf ihn blickte im Vorbeigehen, das wusste ich genau.

Er hatte zwei Arme und zwei Hände und einen Kopf und einen Körper und zwei Beine und sah fast so aus wie ich, nur fünfzig Jahre später. Nur dass seine Haut etwas dunkler war als meine, und seine Herde etwas magerer und kleiner; aber sonst war alles gleich bis hin zu den Kühen und den Handgriffen und dem Stecken und unserem dreckigen Gewand. Und auch war gleich, dass er vielleicht doch so glücklich war zuzeiten wie ich, auch wenn man mir es vielleicht gar nicht ansah, und ihm auch nicht: So freute ich mich auf das Leben, als ich mit meinen Kühen nach Hause zog, wie er sich. Und unsere Straßen glichen sich auch, die bald unter Makadam verschwunden waren und sein würden.

Ich hatte ihn auch nur einmal gesehen, wie die meisten, und zwar im Vorbeifahren, er war ein Verkehrshindernis für Freddy. Für mich aber war es ein zeitversetztes Wiedersehen.

Da erinnerte ich mich wieder an meinen Fahrer Freddy, der nun zum letzten Mal auf mich wartete. Er hatte mir gesagt, dass die Leute vom Land nichts wert seien und zurückgeblieben. Freddy, der das Warten wohl gewohnt war, vertrieb sich das Warten auf mich, der sich von diesem Anblick des Kilimandscharo nicht trennen konnte, indem er den Zimmermädchen bei ihrer Arbeit hinterhersah, und wie sie auf und ab gingen.

Und so würde ich zum Taxi gehen, das schon auf mich wartete, und sagte dem Fahrer, den es vielleicht aus Bangladesch ins schöne Bremen verschlagen hatte, »Zur Eiswette, bitte«. Doch davon hätte er noch nie gehört. Und die anderen vielleicht auch nicht. Also würde ich ihm einfach die Straße nennen, die ich mir zum Glück wegen ihres ausgefallenen Namens hatte merken können. Also nicht »Bismarckwall« oder »Neustadt«, sondern »Contrescarpe«. Und dort angekommen, sähe ich schon meinen wunderbaren Gastgeber im panzerglasgesicherten Eingangsbereich stehen und auf mich warten und drei Schritte auf mich zukommen. Es war ein erfreulicher Anblick. Er wäre im Frack und ich in meinem Smoking mit dem entsprechenden Hemd samt Fliege und den Lackschuhen. Es passte schon. Den schönen Abend würde ich auch nicht vergessen.

Auch meine zwei Südtirolerinnen, deren Namen ich niemals erfahren würde, fotografierten fleißig. Im Leistungsvergleich schnitt bei dieser Leistungsschau der Gipfel des Kilimandscharo also schlecht ab gegen die heimatlichen Dolomiten. Doch ich hatte den Eindruck, dass sie eigentlich gar nicht fotografieren wollten, dass es sich nicht lohnte. Denn zu Hause waren die Berge schöner. So schauten sie. Und so hatten sie es mir ja auch gesagt.

Sie fotografierten aber doch, sie könnten das ja dann zu

Hause anschauen, zum Beweis, und zum Vergleich, dass es zu Hause schöner war. Aber vielleicht kippte es spätestens zu Hause um, und mit einem Mal war es eine wunderschöne Reise. Das Wort »ökologischer Fußabdruck« gab es so im Januar 2017 noch nicht. Und »Flugscham« schon gar nicht, weder als Wort noch Ding.

In jenem Januar war noch mehr von den Terroristen die Rede, auch von jenem Tunesier, der keinen Kilometer Luftlinie von mir auf dem Weihnachtsmarkt vor jener Kirche, die immer noch nach demselben Mann benannt war wie mein Berg, der einmal Kaiser-Wilhelm-Spitze hieß, Menschen wie dich und mich in den Tod riss. Und sie erzählten mir vom Anschlag auf jenes Hotel auf Sansibar, das sie beinahe gebucht hätten bei Trip Advisor.

Die zwei Südtirolerinnen hatten mich vielleicht schon auf dem Weg zum Flughafen vergessen. Ich aber würde noch ein Buch schreiben, über meine Reisen, auch über diese hier, über die Asymmetrie der Welt, über sie und mich. Ich schriebe noch ein Buch über jene, die ich nicht vergessen konnte, die genau dieselben waren, die mich auf dem Weg zum Flughafen schon wieder vergessen hätten, und wenn nicht, schüttelten sie den Kopf über mich und mein weißes Haar und dass so einer noch so weit unterwegs war für sechs Tage … dies auf sich zu nehmen grenzte an … sie dachten vielleicht: Wahnsinn.

Mein Don-Quichotte-Syndrom zu diagnostizieren und erfolgreich zu therapieren hätte aber geheißen, dass es mich nicht mehr gegeben hätte, dass es ihn nicht mehr gegeben hätte, jenen Menschen, der immer noch »ich« sagte.

Das Don-Quichotte-Syndrom … war mit den Jahren

weniger geworden, hätten die Therapeuten wohl geglaubt: Aber da hätten sie sich wieder einmal getäuscht. Wie hätte es sonst noch sein können, dass ich an Orte wollte, die es gar nicht gab? Dass ich das Unsichtbare sehen wollte – all die Windmühlen. Sie glaubten, mein Leben habe sich nun eingependelt zwischen Entsagen und Restgenuss. Immerhin. So war ich unterwegs. Es war (mein Leben) wohl eine Reise nach innen.

Gut so!, sagte ich mir, schon gut.

Am Ziel meiner Reise konnte der Mensch, der ich war, beim Hinaufschauen einen Schimmer davon haben, wie schön etwas sein könnte, das nicht vergeht. »Das ist mein Bild!«, sagte ich. Und dachte »Bild meines Lebens« dazu. Es war ein schöner Anblick. Und ich sah, dass es gut war.

Fritz Lang, von dem ich so viel wie nichts wusste als dieses Bild, der seinen und meinen Kilimandscharo im dritten Jahr nach Afrika malte, habe sein Leben ab da in ein Vorher und ein Nachher geteilt und seine Jahre danach gezählt, so hörte ich es. Er war sechs Monate dort; ich hingegen sechs Tage und wusste nun für immer, dass die Sehnsucht nach diesem Berg, die so lange meine Zukunft war, nun in der Erinnerung mein Heimweh wäre.

Doch Freddy wartete schon auf mich, ungeduldig, um mich zum Kilimandscharo International zu fahren.

Und Freddy, der vielleicht genug von mir hatte, fuhr mich etwas schneller als sonst zum Kilimandscharo International. Gut so.

Am siebten Tag flog ich zurück.